I VENTAGLI DI CARTA

Questo singolare accessorio della moda intorno al 1500 fu prodotto anche con la carta e fu facile agli artigiani - decoratori del tempo sfruttare un così 'invitante' supporto per dare libero sfogo alla loro immaginazione.

Il ventaglio ospitò sulla sua superficie di carta un'infinita iconografia dai temi più variati: ritratti, scene teatrali e storiche, giochi società, istruttivi, galanti e perfino di ''lutto''.

Il repertorio attinse alla cultura popolare e da quella colta, perché per molto tempo il ventaglio fu utilizzato indistintamente da tutte le classi sociali.

Le suggestive immagini a colori del nostro 'itinerario' rappresentano una carrellata sul fantastico patrimonio figurativo riprodotto sui ventagli di carta di varie epoche con una selezione degli esemplari più rappresentativi dei 'generi' e dei 'tempi'. Una raccolta affascinante che attraverso il linguaggio immediato delle illustrazioni svela particolari fatti e costumi di altri tempi.

PAPER FANS

This unusual element of fashion was made of paper, as well as in other materials around 1500, and it provided an ideal support on which contemporary craftsmen and decorators could express their imagination.

Paper fans were thus enriched with a limitless range of images dealing with many and varied subjects: portraits, scenes from history and the theatre, party games, educational and chivalrous themes, and even mourning scenes.

This repertory derived both from popular and aristocratic cultures, because for a long time the fan was used indiscriminately by all social classes.

The lovely colour illustrations that make up this Itinerary form a showcase of the rich heritage of pictures reproduced on paper fans of various periods, and are selected to represent both the best of the themes and the times.

A fashinating collection that, by means of the refreshing immediacy of the illustrations, reveals unusual features and habits of past ages.

Fotocomposizione / *Filmset by:* Primavera - Milano
Fotolito / *Colour reproduction by:* Lamarmora - Milano
Stampa / *Printed by:* FBM - Gorgonzola (Mi)

Itinerari d'Immagini n° 15
1° edizione 1988
First edition 1988

ISBN 88 - 7143 - 063 - 8
Stampato in Italia / *Printed in Italy*

Autorizzazione del tribunale di Milano n° 190 del 6/3/87

Itinerari d'immagini

I VENTAGLI DI CARTA

PAPER FANS

Claudio Salsi

BE-MA Editrice

FOGLI PER VENTOLA

La dama con ricca gorgiera orna una silografia del tardo Cinquecento, destinata ad una ventola a due facce contrapposte, sostenuta nel mezzo da un bastoncino di legno. I medaglioni inferiori erano occupati spesso da altre incisioni applicate in un secondo tempo.

SHEETS FOR SCREEN FANS

A woman with an elaborate ruff is the subject of this late 16th-century woodcut, destined for a screen fan with two illustrated faces that was fitted with a centrally-placed wooden rod handle. The lower medallions were commonly taken up by other prints applied at a later stage.

FOGLI PER VENTOLA

Nobildonna padovana con ventola, da C. Vecellio, *Habiti antichi et moderni di tutto il mondo,* Venezia 1958.

Noblewoman from Padua with screen fan, by C. Vecellio, ''Habiti antichi et moderni di tutto il mondo'' (''Ancient and modern costumes of the world''), Venice 1598.

La musica, il più raffinato degli svaghi aristocratici, ispira questo bulino secentesco dei Remondini di Bassano. Si vede una fanciulla al virginale ed un cavaliere che corteggia una dama al suono del liuto. Una vecchia governante regge una rocca munita di un copri-rocca stampato, un oggetto di carta venduto dai Remondini ancora nell'Ottocento.

Music, the most sophisticated aristocratic pastime, inspired this 17th-century engraving made by the Remondini firm of Bassano. A girl plays the virginal and a knight courts a lady to the sound of the lute. An old governess carries a distaff fitted with a printed cover, a paper object sold by Remondini as late as the 19th century.

Nicolas Cochin il vecchio (1610-1686) incise quest'acquaforte per ventola seguendo la maniera del celebre J. Callot. Si ritiene sia una libera copia in controparte da un
soggetto di Stefano Della Bella, la *festa campestre* del
1635/36.
Entrambe le stampe riprendono l'inquadratura ideata ori-
ginariamente dal Callot per la *Battaglia tra i tessitori e i
tintori,* una celebre festa fiorentina del 1619.

*Nicolas Cochin the Elder (1610-1686) made this etching
for a screen fan, following the style of the celebrated J.
Callot, but it is thought to be a loose copy of a subject
by Stefano della Bella, the ''Country revel'' dating from
1635-36. Both prints use the composition originally designed by Callot for the ''Battle of Weavers and Dyers'', a
celebrated Florentine feast held in 1619.*

FOGLI PER VENTOLA

Al grande incisore Stefano Della Bella si attribuisce il *rebus della fortuna* (1648/49) un'acquaforte complementare ad un'altro foglio ovale, molto simile, congegnato come enigma dell'Amore. Insieme formavano una ventola galante nel gusto barocco, amante di complessi accostamenti.

This "Riddle of Fortune" is ascribed to the great printmaker Stefano della Bella and is dated 1648-49: an etching paired with another oval sheet, very similar and described as the "Enigma of love". Together they made up a sheet fan of Baroque taste and illustrate the complex juxtapositions that were typical of the style.

FOGLI PER VENTOLA

Quest'acquaforte secentesca, frammento di un ventaglio, deriva da celebri incisioni di Antonio Tempesta, della fine del secolo XVI.

Il motivo delle cacce si ispirava non solo agli svaghi campestri dell'aristocrazia europea, ma anche alle pittoresche battute ai feroci animali esotici, misteriosi e terrificanti.

This 17th-century etching, part of a fan, is derived from celebrated prints made by Antonio Tempesta towards the end of the 16th century. The hunting motif is based not only on the countryside pastimes of the European aristocracy, but also shows picturesque scenes of the pursuit of fierce and terrifying animals, exotic and mysterious in the artist's imagination.

Tra i fogli per ventole si annoverano cospicui i temi religiosi.
Le due incisioni a bulino, S. Uberto e S. Martino propongono richiami edificanti attraverso brevi versi incisi in margine, alcuni di sintetica schematicità "Lascia dunque ancor tu solazzo e gioco se vuoi godere il Ciel, fugir il foco".

Religious scenes make up a conspicuous part of sheets for screen fans. The two engravings, depicting St. Hubert and St. Martin, include themes for meditation by means of brief verses engraved at the edge, some of which highly compressed: "So, put apart revel and games if you want to enjoy the Sky and escape the fire".

FOGLI PER VENTOLA

Nelle ventole del '600 c'era spazio anche per la documentazione scientifica. La "Triaca", un potente medicinale, veniva preparato nel mese di maggio, pubblicamente, davanti alla farmacia "Testa d'Oro" a Venezia presso il Ponte di Rialto.

Amongst 17th-century fans there was even space for scientific documentation. "Triaca", a potent medicine, was publicly prepared in May outside the Venetian pharmacy "Testa d'Oro" ("Golden Head"), near the Rialto bridge.

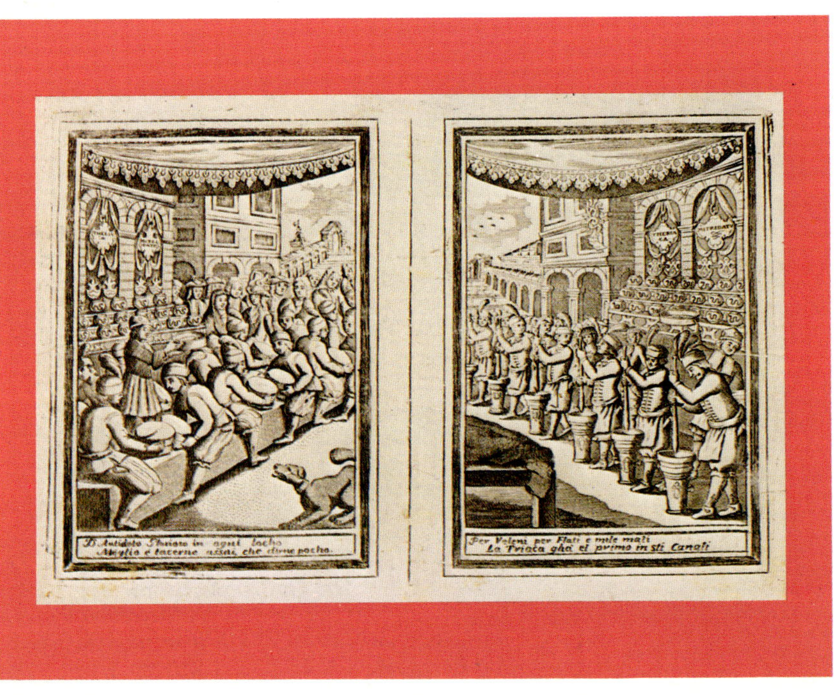

Con incisioni derivate da raccolte molto popolari è stato realizzato un foglio per ventola dove la rischiosa caccia all'orso è contrapposta alla ben più agevole caccia alla lepre.

I temi sono desunti da una celebre serie cinquecentesca invenzione del fiammingo Jan van Der Straet, detto ''lo Stradano'', ripresa frequentemente per tutto il Seicento. Queste ristampe remondiniane possono farsi risalire appunto alla fine del secolo.

This sheet for a screen fan was made with prints deriving from very popular sets: here the dangerous bear-hunt is contrasted with the much easier hare-chase. The subjects derive from a well-known 16th-century series designed by the Flemish artist Jan Van Der Straet, known as ''lo Stradano'' (''Man of the Street''), and frequently re-used throughout the 17th century. These prints by Remondini can be dated to the end of that century.

Foglio per ventola inciso a bulino e stampato dai Remondini di Bassano alla fine del secolo XVII. Lo spazzacamino e il venditore di letame si ispirano alle gustose scene della serie: *Le arti per via*, di A. Carracci, incise da G.M. Mitelli.
Furono pubblicate nel 1660 a Bologna ed ebbero tanto successo da venire anche più volte imitate.

Engraving for screen fan, made by Remondini of Bassano in the late 17th century. The chimneysweep and the manure seller are inspired by the enjoyable scenes from the series "Street professions" by A. Carracci, engraved by G.M. Mitelli. They were published in 1660 at Bologna and were so successful that they were copied many times.

La guerra dei trent'anni fa da sfondo alle imprese di Giovanni Sobieski, re di Polonia e di Leopoldo I Imperatore del Sacro Romano Impero, con riferimento alla comune lotta contro gli Ungheresi (circa 1666).
Queste iconografie un po' standardizzate per un pubblico non troppo raffinato, si possono collocare verso la fine del secolo XVII.

The Thirty Years' War provides the background for the exploits of John Solieski, King of Poland, and Leopold I, Emperor of the Holy Roman Empire, with reference to the allied struggle against the Hungarians (1666 circa). These subjects, rather standardized to suit a less than sophisticated public, can be dated towards the late 17th century.

Giovanni Subiesck Re Di Polonia

Leopoldo Ignatio Imperatore de' Romani

Una gatta, un cane e dei topi fautori di quest'ultimo, danno vita ad una "scimmieria" in cui gli animali imitano vizi e virtù degli uomini. Nel bulino della calcografia Remondini, fine del secolo XVII, osserviamo anche due cacciatori di scorpioni che lavorano alla luce di lanterne, tipica scena di vita veneziana.

A cat, a dog and several mice in support of the canine are the actors in this pantomime in which animals imitate the vices and virtues of men. In the engraving printed by Remondini can also be seen two scorpion-hunters working by the light of lanterns, a typical scene of Venetian life.

Foglio per ventola del primo Ottocento, realizzato in acquaforte con motivi decorativi desunti dal tipico repertorio dello stile Impero.

A sheet for screen fan from the early 19th century, an etching with decorative motifs typical of the Empire style.

"L'appuntamento notturno", foglio per ventola in acquaforte e acquatinta che risente del tardo gusto Impero, 1815/20.

"Nocturnal meeting", sheet for screen fan in etching and aquatint that shows influence of late Empire style, 1815-20.

"La lettera", frammento di ventaglio, forse inglese, del 1810/15, contemporaneo al costume della dama, non anteriore al 1805.
Acquaforte colorita, firmata *S.L.* Il numero *399* si riferisce al catalogo del ventaglista.

SUBJECTS FROM EVERYDAY LIFE

"The letter", part of a fan, possibly English and probably dating to 1810-15 along with the lady's dress: certainly it is no earlier than 1805. Coloured etching, signed "'S.L." The number 399 refers to the fanmaker's catalogue.

Pagina di ventaglio con incisione in tecnica mista, acquaforte e punteggiato, ispirata alla scenografia di un balletto. Italia 1820/40.

A fan sheet printed in mixed media, etching and "manière criblée", based on the scenery of a ballet. Italy, 1820–40.

Tra i soggetti frivoli, la prova dei cappellini ispirata al costume contemporaneo è l'argomento scelto per un ventaglio italiano di gusto romantico-aristocratico, 1825/30, in tecnica mista; in parte stampato a colori, in parte dipinto a mano. Il foglio è firmato *B.L.D.* e reca impresso il numero di catalogo della raccolta del ventaglista.

Amongst the more light-hearted subjects based on everyday life is this "trying on bonnets" in an Italian fan of aristocratic and romantic taste, dating from 1825-30. In mixed media, it is partly printed in colour and part hand-coloured. The sheet is signed "B.L.D." and bears the catalogue number of the fanmaker's collection.

SOGGETTI ISPIRATI AL COSTUME CONTEMPORANEO

In un cielo che sovrasta una fantastica turcheria, una leggiadra fanciulla, forse allegoria dell'aurora o ispirata ad una fiaba o ad una coreografia teatrale, veleggia tirata da farfalle giganti. Il suo costume, mezzo alla moda e mezzo turchesco, induce a collocare questa composizione, probabilmente italiana, intorno agli anni 1825/30.

A graceful girl, perhaps an allegory of dawn or based on a fable or a theatrical choreography, floats in the sky above a Turkish fantasy, towed by giant butterflies. Her costume, a combination of contemporary fashion and Turkish dress, is evidence for the dating of this probably Italian composition to around 1825-30.

Ventaglio ispirato al costume contemporaneo aristocratico.
Nell'angolo di un giardino una dama e un gentiluomo si
intrattengono con una scimmietta ammaestrata in un gioco di abilità. Il busto in pietra di Diana, dea della castità,
rivela il persistere del gusto neoclassico ben oltre il periodo di maggior fulgore.
Incisione in tecnica mista colorita a mano, periodo
1830/35.

*Fan illustrating contemporary aristocratic dress.In the cor-
ner of a garden, a lady and a gentleman are amused by
a tame monkey's tricks. The stone bust of Diana, goddess
of chastity, reveals the lingering Neoclassicism even though
the fan dates from after the decline of this style.Print in
mixed media, hand coloured, 1830-35.*

Ventaglio italiano del 1835 circa, con pagina in carta incisa e dipinta a mano.
Sul recto è rappresentata una scena di conversazione su una terrazza nella cornice di un parco, con personaggi in abiti del tempo.
Il bordo superiore è ornato con festoni e girali, in vernice dorata applicata a pannello, del tipo "a giorno" frequente nei ventagli del 1830 fino al 1860 circa, sul verso è raffigurata una coppia in costume secentesco.
Le 17 stecche sono in corno bianco, le maestre a spatola di 21 cm. punteggiate da lustrini e conteria rossa.

Italian fan dating from 1835 circa, with printed and hand-coloured mount.On the front is shown a conversation taking place on a terrace within a park, between figures in contemporary dress. The top border is decorated with garlands and spiral motifs in brush-applied gilding, and is "a jour" (perforated margin) as was common for fans from 1830 to 1860 circa. On the reverse is depicted a couple in 17th-century dress. The 17 sticks are in white horn, and the flat guards (the sticks at each end of the fan) are 21 cm. long, dotted with spangles and rows of red beads.

L'ambientazione fantastica che contraddistingue i ventagli del periodo "troubadour" risente del clima romantico favorevole alla riscoperta del Medioevo. Litografia finemente miniata, firmata *Rosenthal,* Francia 1840/60.

ROMANTIC AND CHIVALROUS SUBJECTS

The fanciful setting that characterizes fans from the "troubadour" period shows the influence of Romanticism and the nostalgic rediscovery of the Middle Ages. Finely illuminated lithograph, signed "Rosenthal". Probably French, 1840-60.

Nella scena pastorale, un'incisione italiana all'acquaforte colorita a mano, del 1820 circa, si evidenzia il motivo
realistico nel genere di F. Londonio, e quello astratto rap-
presentante curiose farfallette impresse a stampo con matrici di legno.

*In this pastoral scene, an Italian hand-coloured etching
from 1820 circa, are juxtaposed a realistic motif of the
type by F. Londonio, and an abstract design in the form
of the curious butterflies printed from wood blocks.*

Frammento di ventaglio dove si fondono lo stile "troubadour" del decoro esterno con l'ambientazione secentesca della scenetta che occupa la finestra centrale.
Le arcate del tipo "a cattedrale" sono dipinte con tempere e oro in vernice, la vignetta è una litografia finemente miniata, tipico esempio del gusto eclettico, Francia 1845/55.

Part of a fan combining the "troubadour" style, in the external decoration, with a 17th-century setting in the scene that occupies the central frame. The cathedral-type arches are painted in tempera and gilded: the illustration is a finely illuminated lithograph, a typical example of eclecticism. France, 1845-55.

Gli intrattenimenti galanti del passato costituiscono un tema molto sfruttato per ornare ventagli di maniera, non importa se con disinvoltura si mescolano elementi del costume rinascimentale a moderni abiti del Settecento. All'estremità del foglio litografato, in basso a destra, si legge una firma: *Haquental*. Spagna, circa 1850.

The romantic encounters of the past were widely used for the decoration of fashionable fans, and often they show a mixture of Renaissance and 18th-century dress.At the edge of the lithograph, bottom right, a signature can be seen: "haquental". Probably Spanish, 1850 circa.

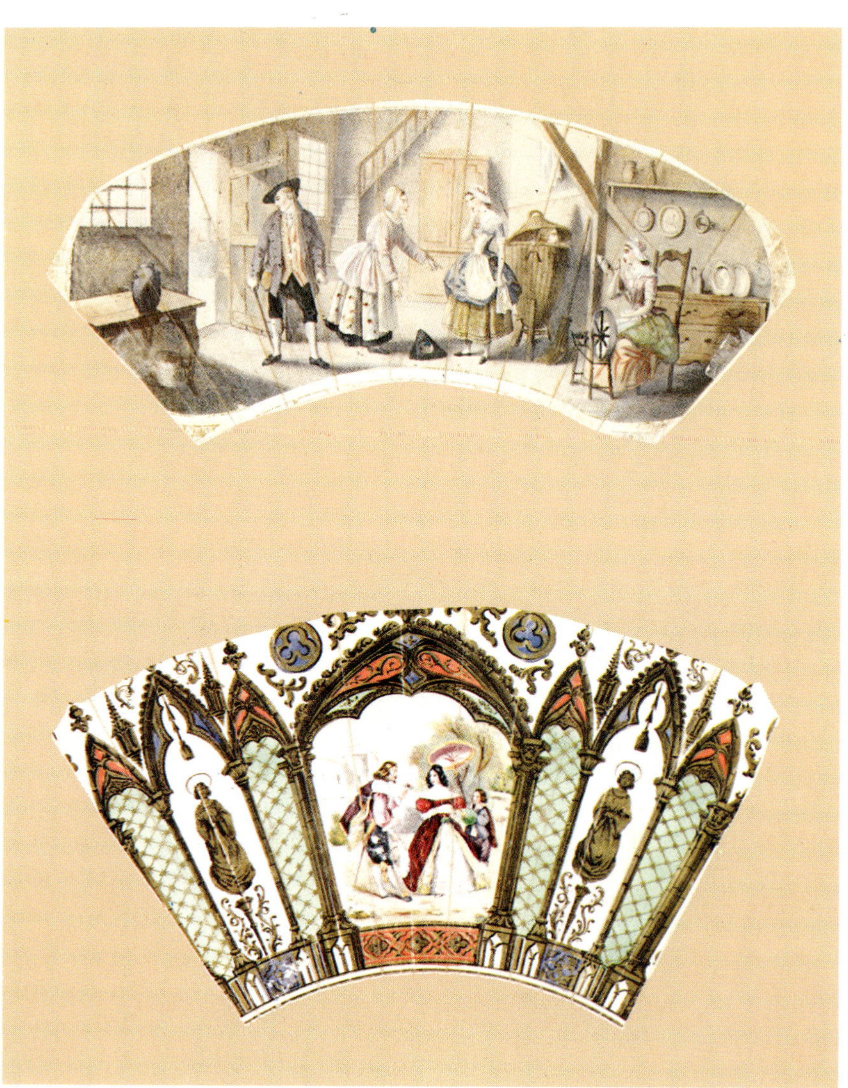

SOGGETTI FRIVOLI E GALANTI Danza campestre, frammento di ventaglio in litografia colorita a mano ornata di fregi ''a giorno'' al bordo superiore. Sopra una rustica tavola suonatori con ghironda e zampogna allietano la danza di aristocratici e popolane. Ripresa del motivo francese rococò, 1856-1860.

''Country dance'', part of a fan. Hand-coloured lithograph decorated with ''a jour'' borders at the upper edge. Musicians with hurdy-gurdy and bagpipes animate aristocratic and common dancers, above a rustic table. A revival of French Rococo, 1856-60 circa.

SOGGETTI FRIVOLI E GALANTI

L'eclettismo domina questa composizione dove lo stile neogotico della decorazione si sposa ad un soggetto di gusto settecentesco nel riquadro della finestra. Il motivo ornamentale è realizzato con la tecnica della ''goffratura'' e dorato, il cavaliere galante è stampato in litografia e colorito a mano. Circa 1860.

Eclecticism is the hall-mark of this composition in which Neo-Gothic decoration is united with a 17th-century style subject within the frame. The ornamental motif is produced with the ''goffering'' technique (using shaped and heated irons to produce a wavy border) and gilding. The romantic knight is lithographed and hand-coloured. 1860 circa.

Ventaglio francese del secondo Ottocento, circa anni '70, in acquaforte e punteggiato, colorito a mano a tempera densa a imitazione dei tipi rococò. I soggetti cortigianeschi del '700 erano tra i preferiti per il loro contenuto frivolo; qui l'affettata leggiadria dei personaggi è sottolineata dalle boccucce e piccolo cuore.

French fan dating from 1870 circa, etching and "stripple-engraving", hand-coloured in dense tempera in imitation of Rococo examples. 18th-century courting subjects were amongst the most popular for their light-hearted content: in this example the affected charm of the figures is underlined by their small heart-shaped mouths.

SOGGETTI FRIVOLI E GALANTI

Ventaglio a cineserie, litografia miniata del pieno Ottocento ripresa da motivi molto in voga nella prima metà del secolo XVIII e rielaborati con la profusione di abbondanti e lussureggianti scenari. Da notare le fontane di gusto francese, il grande vaso con decori in monocromo turchino del tipo prodotto anche a Delft e le figurine sul genere di quelle Henghelbrect create per decorare i mobili veneziani laccati del Settecento.

Nell'angolo estremo in basso a sinistra, la sigla *G.E.* forse di Giuseppe Elena litografo milanese (1801-1867).

Chinoiserie fan, illuminated lithograph from the mid-19th century. This example shows the use of motifs that had been popular in the first half of the 18th century, re-worked with profuse detail and luxuriant scenery. Characteristic are the fountains in French style, the large vase in the monochrome dark blue also produced at Delft, and the figures similar to those of Henghelbrecht created for the decoration of 18th-century Venetian lacquered furniture.In the bottom left corner, the initials "G.E." perhaps are those of Giuseppe Elena, a Milanese lithographist (1801-1867).

 Sembra quasi un'anticipazione dei temi cari al mondo fantastico di Salgari questa suggestiva litografia per ventaglio di impronta orientaleggiante eseguita nel secondo Ottocento. Sono ampie le concessioni alle raffinatezze del "rocaille" nelle dorature della cornice a giorno.

This attractive lithography for an Oriental style fan, made in the second half of the 19th century, seems to anticipate the imaginative themes created by such writers as Salgari. Large use is made of the delicate "rocaille" that appears in the gilded "a jour" frame.

"La carrozza dei commedianti", acquaforte colorita a mano, 1840-60.

"Carriage of comedians", hand-coloured etching, 1840-60 circa.

Si tratta di una caricatura dell'uccellatore, di evidente suggestione arcimboldesca databile circa alla metà dell'Ottocento.

La litografia di ampio formato si ispira probabilmente a Papageno, pittoresco personaggio del *"Flauto magico"* di Mozart (1791).

A caricature of the bird-catcher, with hints of Arcimboldi and dating approximately to the mid-19th century.The large-format lithograph probably represents Papageno, a picturesque character in Mozart's "Magic Flute" (1791).

La sensibilità piccolo borghese dell'Ottocento ebbe caro il senso del pudore; quale dono più opportuno per il compleanno di una fanciulla che un ventaglio a sfondo morale? Minerva, dea virginale, minaccia Cupido che insidia la castità delle giovinette, è questo il tema della composizione, una litografia colorita a mano della metà del secolo scorso, firmata con il monogramma *E.P.* Si noti il profilo ''a nastro'', molto vicino ai tipi in voga nel primo quarto del secolo.

Modesty was a trait dear to the 19th-century middle class character: therefore what better gift for a girl's birthday than a fan with moral overtones? Minerva, the virgin goddess, threatens Cupid who represents a danger to the chastity of young women: this is the theme of the composition, a hand-coloured lithograph from the mid-19th century, signed with the monogram "E.P". The ribbon edge is very similar to those in vogue during the first 15 years of the century.

 Due servette, sole in casa, nascondono un visitatore galante nel cesto della biancheria; i padroni, insospettiti da
un cappello dimenticato, indagano infuriati. L'episodio si
riferisce probabilmente ad una ''piece'' teatrale. Litografia colorita a mano, Francia 1850/60.

*Two maids, alone in the house, hide an amorous visitor
in the laundry-basket: the owners suspect that something
is amiss because of a forgotten hat and search furiously.
The episode probably refers to a theatrical sketch. Hand-
coloured lithograph, Fance 1850-60.*

44

La letteratura del tempo, tra cui i romanzi di A. Dumas padre e la moda in voga in Francia durante il Secondo Impero sono elementi che fondano il "revival neo-secentesco".
Ne è tipico esempio questo frammento da un esemplare della seconda metà dell'Ottocento.

45

TEMI STORICI

Frammenti da ventagli dell'Ottocento. I medaglioni sono ornati con ritratti di fanciulle in costumi storici e popolari. In basso, nel tondo centrale è raffigurata la regina Vittoria. La sovrana è ritratta nel periodo giovanile, intorno agli anni '40 e porta sul capo una tipica tiara "alla russa".

HISTORICAL SUBJECTS

Parts of 19th-century fans. The medallions are decorated with portraits of girls in historical and popular dress. Below, in the central circular frame, is shown Queen Victoria, when she was young and therefore in about 1840, with the typical Russian-style tiara.

Luigi Filippo d'Orleans si impegna a rispettare la carta costituzionale. Ventaglio francese della prima metà del secolo XIX in litografia colorita a mano.
Appartiene al genere politico di matrice realista: al centro la Costruzione trionfante riceve il tributo del sovrano, dell'aristocrazia militare, della magistratura e della borghesia, mentre la monarchia piegata dalle insurrezioni del luglio 1830, piange affranta sull'ara listata a lutto e le arti languono ai suoi piedi.

Louis Philippe d'Orleans resolves to respect the ''Charte baclée'' of the Constitution. French fan from the first half of the 19th century, hand-coloured lithograph.It is an example of political realism: in the centre the triumphant Constitution receives tribute from the king, the military aristocracy, judges and bourgeois, while the Monarchy, deposed by the July 1830 Revolution, weeps on the altar of mourning, with the Arts languishing at his feet.

Battesimo del Principe Imperiale Eugenio Luigi Napoleone (16/3/1856-1/6/1879) figlio di Napoleone III e di Maria Eugenia di Granada.
Litografia colorita a mano, ventaglio francese della metà del secolo XIX.

The baptism of the Imperial Prince Eugène Louis Napoléon (16/3/1856 - 1/6/1879), son of Napoléon III and Marie Eugénie of Granada. Hand-coloured lithograph, French fan from the second half of the 19th century.

Il liberalismo spagnolo rafforzato dai successi della rivoluzione del 1820 si alimentava degli ideali di libertà anche attraverso i ventagli celebrativi di episodi della guerra per l'indipendenza greca. La *batalla memorable de Guidary* fu combattuta dai Greci, comandati dal generale Fabuier e dai Turchi agli ordini di Rechild Pascià (1802-1858).
Incisione in tecnica mista, colorita a mano, prima metà del secolo XIX.

PATRIOTIC SUBJECTS

Spanish liberalism, bolstered by the success of the 1820 revolution, was fanned by the ideals of liberty expressed, as well as in other methods, on fans commemorating episodes of the Greek War of Independence. The "Batalla memorable de Guidary" was fought by the Greeks, commanded by General Fabuier, against the Turks under Reshid Pasha (1802-1858). Print in mixed media, hand-coloured, first half of 19th century.

L'eroica guerra per l'indipendenza della Grecia (1821 - 1827) suscitò vaste emozioni in Europa e stimolò il movimento liberale internazionale con la partecipazione del poeta Byron, caduto nel 1824 a Missolungi e del patriota italiano Santorre di Santarosa, morto a Sfacteria nel '25. Aquaforte per ventaglio, colorita a mano, 1830 circa.

The heroic Greek War of Independence (1821-1827) provoked great feeling throughout Europe and stimulated the International Liberal Movement, in which participated the poet Byron, who fell in 1824 at Missolonghi, and the Italian patriot Santorre of Santarosa, who died at Sfacteria in 1825. Hand-coloured etching for fan, 1830 circa.

TEMI PATRIOTTICI

Quest'oggi a Porta Tosa, cronaca di un episodio delle cinque giornate di Milano (18/22 marzo 1848) in litografia colorita a mano per un ventaglio coevo.
A fatica, tra le varie scritte patriottiche, si leggono acclamazioni a Pio IX, coperte successivamente a causa del ritiro del pontefice dalla alleanza anti-austriaca nel 29 aprile del '48.

"This day at Porta Tosa", the account of an episode during the Five Days' Revolt of Milan (18-22 March 1848), hand-coloured lithograph for a fan of the same period. With difficulty, amongst the various patriotic phrases, can be read acclamations for Pope Pious IX, covered over later when he retracted from the anti-Austrian alliance on 29 April 1848.

Barricate a Milano durante le cinque giornate del 1848,
vittoria di Porta Tosa.
Ventaglio patriottico italiano della metà del XIX secolo in
litografia colorita a mano.

*Barricades at Milan during the 1848 Five Days' Revolt:
the victory of Porta Tosa. A patriotic Italian fan from the
mid 19th century. Hand-coloured lithograph.*

"*Italia libera, Dio lo vuole*", è il motto di uno di questi medaglioni, litografie colorite a mano da ventagli italiani di metà Ottocento.
Si allude allo spirito unitario che pervadeva l'alleanza tra mazziniani e monarchici piemontesi, guidati da Carlo Alberto, in guerra contro gli Austriaci cacciati da Milano dopo le celebri cinque giornate.

"Italy free, God's wish" is the motto of one of these medallions, hand-coloured lithographs from Italian fans dating from the mid-19th century. The allusion is to the spirit of unity permeating the alliance between followers of Mazzini and supporters of the Piedmont monarchy led by Carlo Alberto, in battle against the Austrians that had been driven out of Milan after the famous Five Days' Revolt.

La libertà, evidente citazione dal celebre dipinto di Delacroix celebrante la caduta della monarchia nel luglio del 1830, calpesta l'emblema del dominatore asburgico, l'aquila bicipite e guida il popolo milanese alla riscossa. Sullo sfondo il tiburio di San Lorenzo.
Litografia colorita per ventaglio della metà del secolo XIX.

The figure of Liberty, obviously a quotation from the famous painting by Delacroix celebrating the fall of the Monarchy in July 1830, treads on the emblem of the Hapsburg rulers, the two-headed eagle, and leads the people of Milan to freedom. In the background is the tiburium of the church of San Lorenzo. Colour lithograph for fan, mid-19th century.

VENTAGLI DEDICATI A PIO IX

Pio IX, in piazza S. Pietro, benedice il popolo dalla sedia gestatoria.
Litografia colorita della metà dell'800.
Il ventaglio appartiene al genere dedicato a questo pontefice nel momento in cui divenne un simbolo per i liberali grazie ad alcune riforme, all'amnistia del '46 e alla concessione della libertà di stampa (1847).

FANS DEDICATED TO POPE PIOUS IX

Pious IX, in St. Peter's Square, gives the blessing to the people from the Papal seat. Colour lithograph, mid-19th century. An example of the Italian group of fans dedicated to this Pontiff at the moment when he became a symbol for the Liberals after various reforms, the amnesty of 1846 and the concession of freedom of the press (1847).

Amnistia di Pio IX, 16 luglio 1846. Ventaglio a soggetto politico, litografia colorita della prima metà del XIX secolo. Il pontefice sorretto dalla fede, rialza la speranza caduta, mentre la libertà in catene a lui si volge fiduciosa. L'arcangelo Gabriele allontana il clero retrivo mentre le arti celebrano la scena e la Vergine offre la sua divina protezione.

Amnesty of Pious IX, 16 July 1846. Fan with political subject, colour lithograph from the first half of the 19th century. The Pope, supported by Faith, brings fallen Hope to her feet, while Liberty in chains turns hopefully towards him. The archangel Gabriel drives off the rebellious clergy while the Arts celebrate the episode and the Virgin offers Her divine protection.

VENTAGLI DEDICATI A PIO IX

Frammento di ventaglio riproducente l'amnistia di Pio IX. Sul basamento delle colonne si legge: *Pio Nono*, altre parole sono state coperte da pennellate dense, probabilmente dopo il periodo di generale restaurazione seguito al 1848.

Part of a fan reproducing the Amnesty of Pious IX. At the base of the columns is written ''Pio Nono'' (Pious the Ninth) while other words have been obliterated by dense brush strokes, probably after the period of the Restoration following 1848.

Il motivo religioso, dopo le illusioni e gli equivoci del periodo liberale (1846/48), ritorna a trionfare in questo ventaglio dove si vedono gli angeli custodi additare alla fede
della famiglia la figura solenne di Pio IX.
Foglio per ventaglio in acquaforte e granito della metà del
secolo XIX.

*Religious subjects return in this fan, after the illusions and
disappointments of Liberalism (1846-48): here, guardian
angels indicate the figure of Pious IX to the faithful family. Etched and grained fan sheet, mid 19th century.*

VENTAGLI DEDICATI A PIO IX

Questa composizione, benchè derivata da una celebre stampa del 1846, celebrativa della elevazione di Giovanni Mastai Ferretti al soglio pontificio, si presta paradossalmente anche ad una interpretazione di segno completamente opposto.

Il popolo dolente sembra piangere le progressive sconfitte del potere temporale, a partire dal 1860, schiacciato dall'irrefrenabile mutare dei tempi,

Litografia colorita a mano, Italia, seconda metà dell'Ottocento.

This composition, though it derives from a famous 1846 print celebrating the elevation of Giovanni Mastai Ferretti to the position of Pope, can paradoxically be interpreted in entirely the opposite sense. The grieving people seem to mourn the progressive defeats of the Pope's temporal power after 1860, victim of the relentless changes occurring with the passing of years.Hand-coloured lithography, Italy, second half of the 19th century.

VENTAGLI DA LUTTO

Si apre con questo esemplare la serie di ventagli da lutto. La situazione è paradossalmente spiritosa: un vedovo incide mesto l'epigrafe della defunta consorte consolato dalla affettuosa compagnia di un'altra vedova mentre la buon'anima, dal cielo sembra approvare il nuovo inconfessato legame.
Incisione in tecnica mista, Italia (?) 1825/30.

MOURNING FANS

This example introduces the series of mourning fans. Surprisingly, the situation illustrated is entertaining: a widower sadly engraves his dead wife's epigraph, consoled by the affectionate company of another widow while the good soul of the departed, looking on from the sky, seems to approve this new and somewhat shameful bond. Print in mixed media, probably Italian, 1825-30.

Una forte suggestione romantica e sognante trapela da questo motivo inciso in tecnica mista nel periodo 1825/30.

A marked atmosphere of romance and dream is conveyed by this motif, printed in mixed media in the period 1825-30.

VENTAGLI DA LUTTO

Frammento dalla serie dei ventagli da lutto spiritosi o a doppio senso.
In questo caso l'ambiguità risiede nella situazione che vede due vedovi incontrarsi per caso, avvicinati da un medesimo dolore.
Incisione in tecnica mista, colorita a mano, 1825/30.

Fragment from a series of lighthearted and punning mourning fans. In this case the ambiguity lies in the chance meeting of two widowers, brought together by the same distress. Print in mixed media, hand-coloured, 1825-30.

Visita alla vedova. Ricostruzione fantastica di gusto rinascimentale in cui sono presenti elementi di stampo neoclassico come il tempietto che occhieggia dalle fronde del
parco.
Ventaglio da lutto, acquaforte colorita, 1825/30.

*Visit to the widow. Renaissance-style imaginative recon-
struction in which Neoclassical elements appear, such as
the temple looking out from the trees of the park. Mourning fan, coloured etching, 1825-30 circa.*

VENTAGLI DA LUTTO

Si utilizza una scena galante come pretesto per ornare un ventaglio da lutto conformemente ad un'abitudine che prevedeva per una stessa stampa diverse coloriture a seconda dell'uso.
Esemplare eclettico nel gusto romantico-aristocratico, dove ai costumi secenteschi si abbinano fondali con architetture neoclassiche, inciso in tecnica mista colorita a mano, 1825/30.

In this case a romantic scene is used to decorate a mourning fan, according to a custom of giving identical prints different colourings according to their eventual use. An example of romantic and aristocratic eclecticism, in which 17th-century costumes are set in scenery containing Neoclassical architecture. Printed in mixed media, hand-coloured, 1825-30.

Un'allegoria della carità illustra la pagina del ventaglio da lutto del secondo Ottocento in litografia colorita a mano. L'episodio in costume rinascimentale pur nel suo significato toccante nasconde una nota frivola, l'affettuoso corteggiamento tra due cagnolini.

An allegory of Charity decorates this mount for a mourning fan dating from the second half of the 19th century, in hand-coloured lithography. The scene, in Renaissance costume, is of touching sadness but nonetheless includes a lighthearted note, the friendly courtship between two small dogs.

VENTAGLI DA LUTTO

Concerto notturno, in costumi secenteschi.
Incisione colorita a mano, ventaglio da lutto circa 1860/70.

*Nocturnal concert, in 17th century dress. Hand-coloured
print, a mourning fan dating from 1860-70 circa.*

Medaglione da un ventaglio da lutto in litografia colorita.
E' evidente il richiamo ai tipi francesi rococò ad imitazione delle tipiche composizioni ideate per gli esemplari del secolo XVIII.
La pesante incorniciatura nera con fregi a stampo lo rivela come manufatto non anteriore al 1860.

Medallion from a mourning fan, coloured etching. This example recalls the French Rococo types, imitating the compositions designed for 18th-century fans. The heavy black frame with printed friezes is evidence for a date after 1860.

La vignetta riproduce un dipinto di J.B. Greuze del 1761 raffigurante un contratto di matrimonio in una comunità rurale.

La cornice, molto convenzionale, apparteneva ad una tipologia prodotta in serie dove il riquadro centrale era lasciato in bianco per potervi inserire stampine predisposte a parte.

SUBJECTS FROM FAMOUS PAINTINGS

The illustration is a reproduction of a 1761 painting by J.B. Greuze, and shows a wedding contract in a rural community. The highly conventional frame, with lithographic decoration, was produced in large numbers with the central frame left blank, ready for the separate insertion of small prints.

Corinne au capitain Misène riproduce un celebre dipinto di F. Gerard del 1819, al Museo Saint Pierre di Lione. Il soggetto si riferisce ad un significativo romanzo di M.me de Staël, ideato durante un viaggio in Italia.
Corinne, poetessa ispirata, non si accontenta del suo genio e della sua gloria, ma cerca la felicità nell'amore; non potendo raggiungerla muore disperata. E' una protesta in favore della donna vittima delle costrizioni sociali, un tema che rivivrà ai tempi d'oro del romanticismo.
Incisione a punteggiato, colorita a mano, Francia primo quarto del XIX secolo.

"Corinne au capitain Misène" is a copy of a famous work by F. Gerard painted in 1819, in the St. Pierre Museum of Lyon. The subject is derived from an important novel by M.me de Staël, conceived during a journey to Italy. Corinne, an inspired poetess, is not content with her genius and glory, but seeks happiness in love: unable to find it she dies in desperation. It represents a protest in favour of the woman, victim of society's repression: this theme would again come to the fore during the height of Romanticism. "stripple-engraving" print, hand-coloured, a French fan from the first quarter of the 19th century.

E. von Houwald, fantasioso scrittore del primo Ottocento, ideò la favola illustrata in questo ventaglio in litografia colorita: Raffaello dipinge la celebre *Madonna della seggiola,* ritraendo sul coperchio d'una botte la giovane figlia di un vinaio e i suoi bambini. Francia 1840/60. Sull'episodio esistonio anche una litografia di H. Hopfgarten del 1839 e un dipinto di D. Faconti del 1849, conservato a Torino, alla civica galleria d'arte moderna.

E. von Houwald, an imaginative early 19th-century writer invented the tale illustrated on this fan, a colour lithograph: Raphael paints the well-known "Madonna of the Seat", depicting the young daughter of a vintner and her children on the lid of a wine cask. Probably French, 1840-60.Referring to the same episode are an 1839 lithograph by H. Hopfarten and an 1849 painting by D. Faconti, now in Turin.

"Festa in un villaggio", derivata da un soggetto fiammingo del secolo XVII. Litografia colorita a mano in un frammento di ventaglio della seconda metà dell'Ottocento. I dipinti celebri erano conosciuti per lo più attraverso incisioni; difficilmente l'umile decoratore di ventagli poteva aver visto direttamente i capolavori originali.

Village feast, deriving from a Flemish 17th-century subject. Hand-coloured lithograph, part of a fan from the second half of the 19th century. Famous paintings were known mainly by means of prints: it was very unlikely that the humble fan decorator could have seen the original masterpieces.

COSTUMI POPOLARI

Alla metà del secolo XIX appartiene questa danza di con-
tadini, litografia colorita a mano per un ventaglio che te-
stimonia l'interesse tipicamente ottocentesco verso il
folklore genuino dell'Italia centro - meridionale.

LOCAL CUSTOMS

*This mid-19th century fan, a hand-coloured lithograph,
shows the "peasants" dance and demonstrates the typically 19th-century interest in the genuine folklore of central and southern Italy.*

Ventaglio ispirato al tema dei costumi popolari; litografia colorita a mano, francese o spagnola della metà del secolo XIX.
Raffigura alcune movenze del "fandango" una danza spagnola che si eseguiva accompagnandosi al suono ritmato delle nacchere.

Fan on the theme of local customs: a French or Spanish hand-coloured lithograph from the mid-19th century. It depicts some of the movements of the "fandango", a Spanish dance accompanied by the rythmic sound of castanets.

Una serenata napoletana di sapore popolare è incorniciata
da pomposi fregi di gusto barocco.
Litografia colorita da pagina di ventaglio italiano, circa
1860.

*A Neapolitan serenade of popular taste is framed by or-
nate Baroque friezes.Fan mount in colour lithography, Italian, 1860 circa.*

VEDUTE E VENTAGLI - RICORDO

Ventaglio-ricordo di un viaggio in Italia con veduta del Tevere, Castel S. Angelo e S.Pietro a Roma.
Acquaforte colorita, secolo XIX.

VIEWS AND SOUVENIR FANS

A souvenir fan from a journey to Italy, with views of the Tiber, the Sant'Angelo castle and St. Peter's in Rome.Coloured etching, 19th century.

Nôtre Dame, la chiesa di Saint Louis des Invalides e il Panthéon formano un "capriccio" per la pagina di un ventaglio - ricordo di Parigi.
Acquaforte acquerellata, 1820/40.

Nôtre Dame, the church of Saint-Louis des Invaiides and the Panthéon make up this caprice decorating the mount of a Parisian souvenir fan.Watercoloured etching, 1820-40.

Il dolce paesaggio francese ispira questo ventaglio di metà Ottocento, una litografia colorita inquadrata da fregi e
profili lumeggiati in oro, della casa Jånnin di Parigi.

*The gentle landscape of France is the motif of this mid-19th
century fan, a colour lithograph framed by friezes and gold-
illuminated edging, made by Jannin of Paris.*

E' molto difficile identificare il grande monastero ai piedi della montagna riprodotto in un ventaglio forse destinato ai pellegrini che lo visitavano devotamente.
Acquaforte acquerellata della seconda metà dell'Ottocento.

The identification of the large monastery at the foot of a mountain is rather difficult: this fan was possibly destined for the pilgrims paying a visit of devotion. Watercoloured etching, second half of the 19th century.

Incisione per ventaglio, 1820/40, all'acquaforte e punteggiato, opera di Belleville. L'esemplare era destinato ad essere colorito a mano a richiesta dell'acquirente.
Belleville era editore e stampatore a Parigi in Rue Portefoin n.8.

Print for fan dating from 1820-40, etching and "stripple-engraving", by Belleville. An example of this sort was designed to be hand-coloured on the client's request. Belleville was a printer and publisher in Paris, Rue Portefoin 8.

Ventaglio con veduta prospettica del Campidoglio che interpreta liberamente la posizione della statua equestre di Marcaurelio, obliqua anzichè perpendicolare all'edificio come nella realtà.
Incisione all'acquaforte acquerellata, circa 1820.

Fan with a perspective view of the Roman Capitol, including a free interpretation of the equestrian statue of Marcus Aurelius, positioned obliquely instead being perpendicular to the building, as it is in real life. Water-coloured etching, 1820·circa.

VEDUTE E VENTAGLI - RICORDO   Nella amena campagna francese, dove si intravvede un ideale castello di Chenonceaux, la geografia, l'astronomia, e la geometria impersonano i passatempi di aristocratiche giovinette in costumi vagamente cinquecenteschi. Il telescopio è di una tipologia olandese della fine deò Settecento.
Frammento di ventaglio francese in litografia colorita, incorniciata da fregi barocchetti, 1845/60.

F. Lorieux (XVIII - XIX secolo) prolifico incisore in rame, eseguì quest'acquaforte raffigurante le occupazioni dei montanari.
Il piccolo foglio era destinato ad ornare la parte centrale di un ventaglio dei primi dell'Ottocento. La composizione deriva da un dipinto nella collezione di Monsieur de Mussey.

F. Lorieux (18th - 19th century), prolific copper engraver, made this etching depicting the activities of highlanders. This small sheet would have decorated the central part of an early 19th-century fan. The composition is based on a painting in M. de Mussey's collection.

Ventaglio di fine Ottocento di fattura elementare e senza valore artistico, ma documento della produzione più semplice e a buon mercato.
 La raggiera è coperta da un foglio stampato interamente in cromolitografia, cioè attraverso matrici litografiche di diverso colore, raffigurante il Duomo di Milano, la piazza antistante e l'adiacente galleria Vittorio Emanuele.

A late 19th-century fan of basic workmanship and with no stylistic value, but exemplifying the simplest and most economic fan production.The blades are covered by a mount printed entirely in chromolithography, that is by using plates of different colours, showing Milan Cathedral and its Square, and the adjacent Vittorio Emanuele covered arcade.

Anche nel primo Novecento era consuetudine diffusa abbinare piccoli omaggi a popolari prodotti di consumo. Questo ventaglio stampato in cromolitografia reclamizza l'*Amido Banfi* che "conserva e lucida la biancheria".

In the early 20th century, just as today, small free gifts were often included with popular household products. This fan, printed in chromolithography, advertises "Banfi starch" which "gives protection and shine to the linen".

SAPONE BANFI
PROFUMAT
E OVUNQUE
USATE
BORACE BANFI
GALLO

FOGLI PER VENTAGLI

La pagina di ventaglio si presenta ancora incompleta, in una fase di lavorazione anteriore al processo di pieghettatura e fissaggio su raggi o stecchette mobili.
Il soggetto centrale è inciso all'acquaforte e colorito a mano, lo inquadra una cornice a mezzaluna stampata da matrice intagliata nel legno; gli spazi bianchi all'interno verranno coperti da sfondi dipinti o decorati secondo una tecnica ''ad arte povera'' con altri motivi floreali o stilizzati, impressi mediante stampi. Epoca 1820/30.

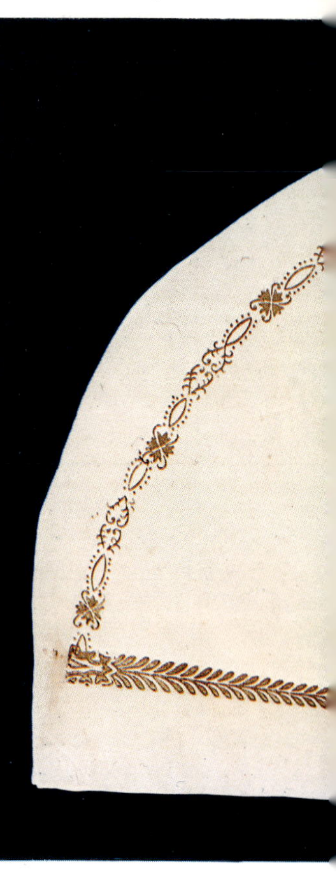

SHEETS FOR FANS

This fan sheet is still incomplete, at a stage before pleating and stretching onto the blades or mobile sticks. The central subject is a hand-coloured etching, within a half-moon frame printed from a woodblock: the white spaces inside would later be filled with painted backgrounds or decorated with floral or stylised motifs, using an ''art pauvre'' technique of printing with a small die. From the period 1820-30.

FOGLI PER VENTAGLI

Nell'Ottocento le pagine dei ventagli in carta erano costituite da un doppio foglio, inciso su entrambe le facce oppure ornato sul recto con temi figurativi e sul verso con motivi ornamentali di maniera come nel frammento qui presentato. La carta è del tipo "gaufré", decorata all'uso francese, molto in voga nei secoli XVIII e XIX. La definizione deriva per analogia da gaufré, una cialda pasticcera pressata tra due piastre di uno stampo così da risultare modellata in rilievo. Il procedimento in pieno Ottocento si avvaleva di macchine rotative a due cilindri di ottone o altro materiale, uno inciso in rilievo l'altro in cavo, ed era particolarmente applicata alla formazione di pagine per ventagli. La doratura o l'argentatura erano sovente abbinate alla "goffratura".

In the 19th century the mounts of paper fans consisted of a double sheet, printed on both sides or decorated on the front with figurative scenes and on the back with ornamental motifs in a certain style, as in this fragment. The paper is of the "gaufré" type, decorated in the French style fashionable in the 18th and 19th centuries. The term "gaufré" (goffered in English) derives by analogy from gaufré, a sweet and thin wafer modelled in relief by being pressed between two plates of a mould. During the 19th century, goffering was carried out with rotary machines having two cylinders of brass or other material, one of which was relief-moulded, the other being the corresponding concave roller. The technique was particularly suitable for the production of fan mounts. Decoration in silver or gold was often combined with goffering.

FOGLI PER VENTAGLI

Pagina in carta per ventaglio. La composizione è costituita da un soggetto centrale stampato in litografia e colorito a mano, uno sfondo dipinto a guazzo, cornice e fregi
ottenuti con la tecnica della ''goffratura'' e lumeggiati in
oro e in argento. Alla base si possono vedere i segni convenzionali che indicano la metà del foglio, da calcolare
correttamente prima di procedere alla pieghettatura. Francia circa 1860.

*Paper fan sheet. The composition comprises a central hand-
painted lithograph, a background painted in glue-tempera,
frame and frieze produced by goffering and illuminated
with gold and silver. At the bottom can be seen the conventional symbols indicating the mid-line of the sheet, necessary for a correct pleating. Possibly France, 1860 circa.*

FOGLI PER VENTAGLI

Preparazione dei ventagli di carta, da Diderot, d'Alembert, Encyclopédie, 1751-1772.
Si evidenzia la montatura dei fogli sulle strutture rigide.

Preparation of paper fans, from Diderot - d'Alembert, Encyclopédie, 1751 - 1772. The stretching of the mount onto the blades is shown.

Fig. 1.
Fig. 2.
Fig. 1.
Fig. 2.
Fig. 4.
Fig. 3.
Fig. 5.
a
b
b
c
d
Fig. 6.
Fig. 3.
Fig. 7.

FOGLI PER VENTAGLI

I fogli di carta vengono pieghettati e fissati sui raggi. Illustrazione dall'Encyclopédie.

The peiper sheets are pleated and fixed to the blades. Illustrations, from the Encyclopédie.

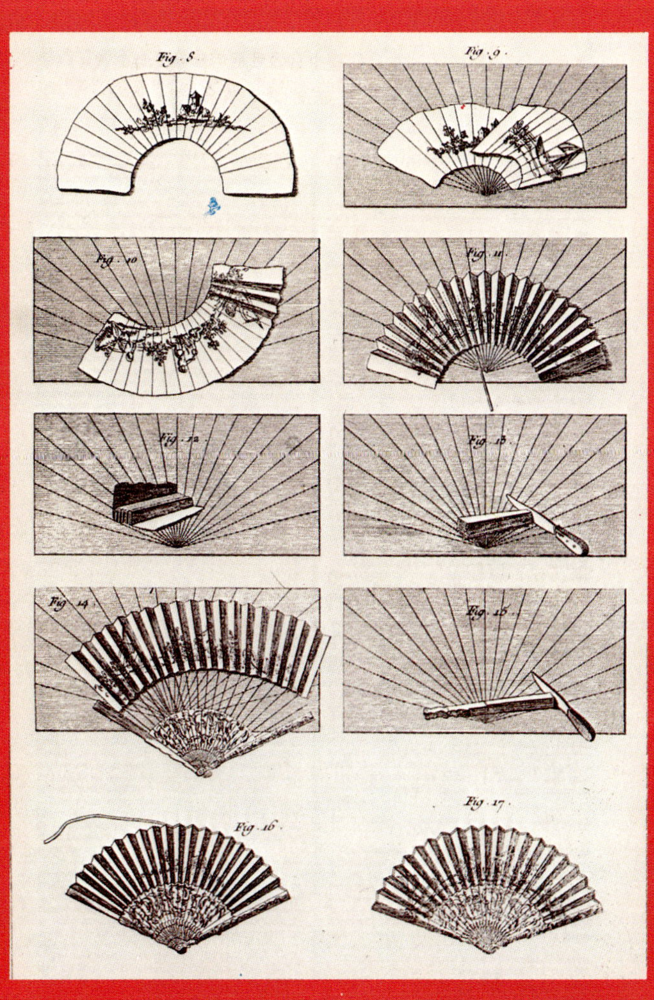

Fig. 8.
Fig. 9.
Fig. 10.
Fig. 11.
Fig. 12.
Fig. 13.
Fig. 14.
Fig. 15.
Fig. 16.
Fig. 17.

FOGLI PER VENTAGLI

Nella divertente litografia si rappresenta una *fabrica de abanicos.* esemplificate in modo didascalico le fasi delle lavorazione delle parti rigide: della preparazione dei legni per le stecche, alla decorazione delle maestre fino all'inserimento dei sottili raggi di legno sui quali si applicava il foglio colorito, già pieghettato.
I fogli venivano approntati separatamente da maestranze diversamente specializzate. Francia o Spagna, circa 1840.

*This amusing lithograph shows a "fabrica de abanicos".
Captions demonstrate the stages in the working of the rigid parts: from the preparation of wood for the sticks, the decoration of the guards, through to the insertion of the thin wooden rays onto which the pleated and coloured mount was applied. The sheets were prepared separately, by craftsmen specialized in fan mounts. France or Spain, 1840 circa.*

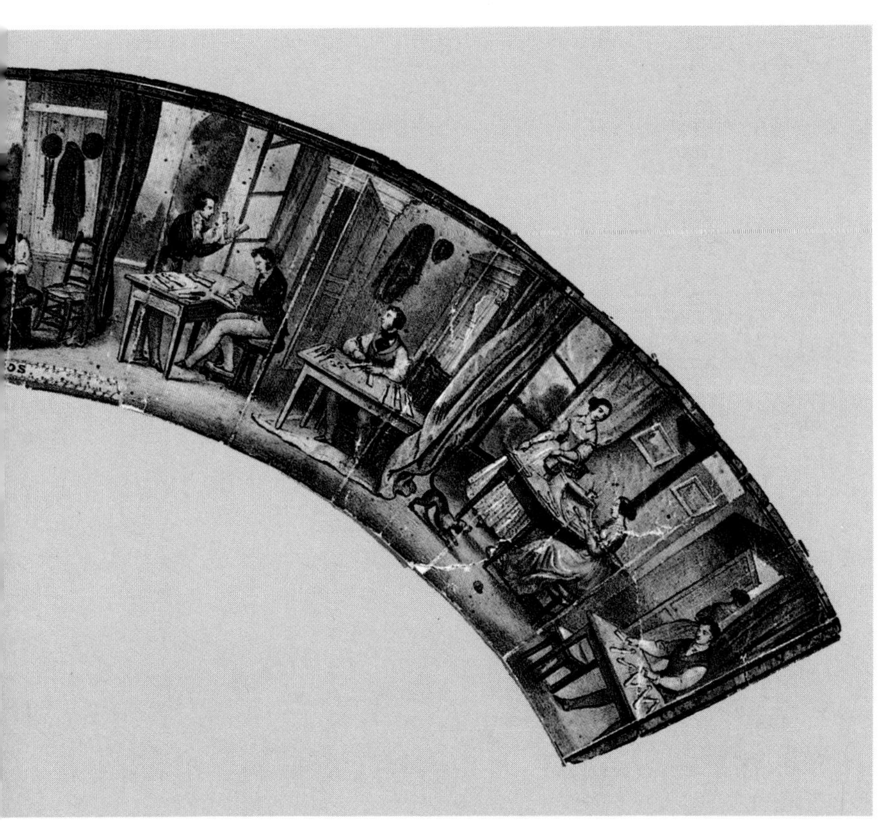

La "Societé des peintres-litographes" organizzò nel 1903 una festa benefica per la costruzione del monumento di S.G. Chevalier detto Gavarni (1804-66).
Per l'occasione i membri di questo sodalizio eseguirono litografie da trasformare in ventagli di gala, tra cui l'esemplare riprodotto che raffigura un'elegante signora in abito "Belle Epoque", opera di Maurice Clist.

The "Societé des peintres-litographes" organised a charity ball in 1903 to finance a monument to S.G. Chevalier, a famous lithographist, watercolourist and designer of Paris, known as Gavarni (1804-66). For the occasion, members of the club made lithographs that became gala fans, amongst which this example, showing an elegant lady in "Belle Epoque" dress, by Maurice Clist.

VENTAGLI INTERI

Ventaglio italiano, 1830/40, con pagina incisa e colorita a mano.
L'ispirazione è probabilmente francese nella moda delle scenette del passato.

COMPLETE FANS

Italian fan, 1830-40, with printed and hand-coloured mount. Shows a probable French influence in the fashion for historical scenes.

Ventaglio di carta nel gusto aristocratico con scene di vita domestica, Francia 1840/60.

Paper fan of aristocratic taste, with scenes of domestic life. France, 1840/60.

Nelle pagine seguenti alcuni esemplari di ventagli di carta del secolo XIX.

On the following pages there are some examples of 19th-century paper fans.

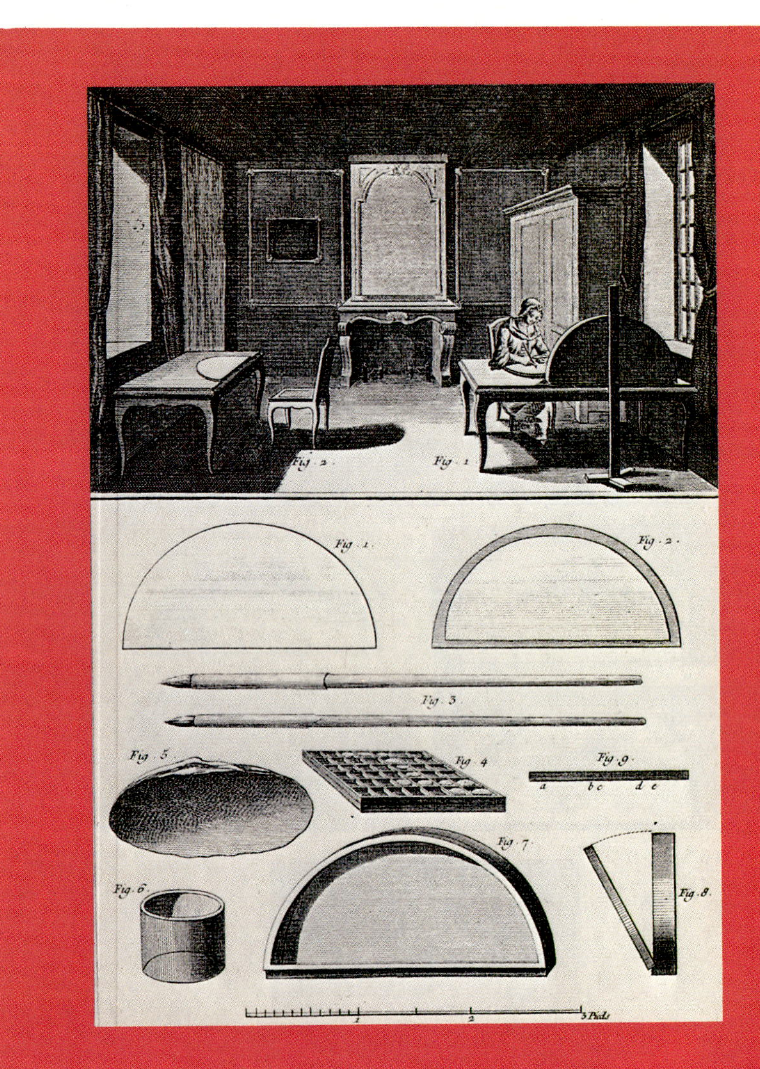
Fig. 2.
Fig. 1.
Fig. 1.
Fig. 2.
Fig. 3.
Fig. 5.
Fig. 4.
Fig. 9.
a   b c   d e
Fig. 7.
Fig. 6.
Fig. 8.
1   2   3 Pieds

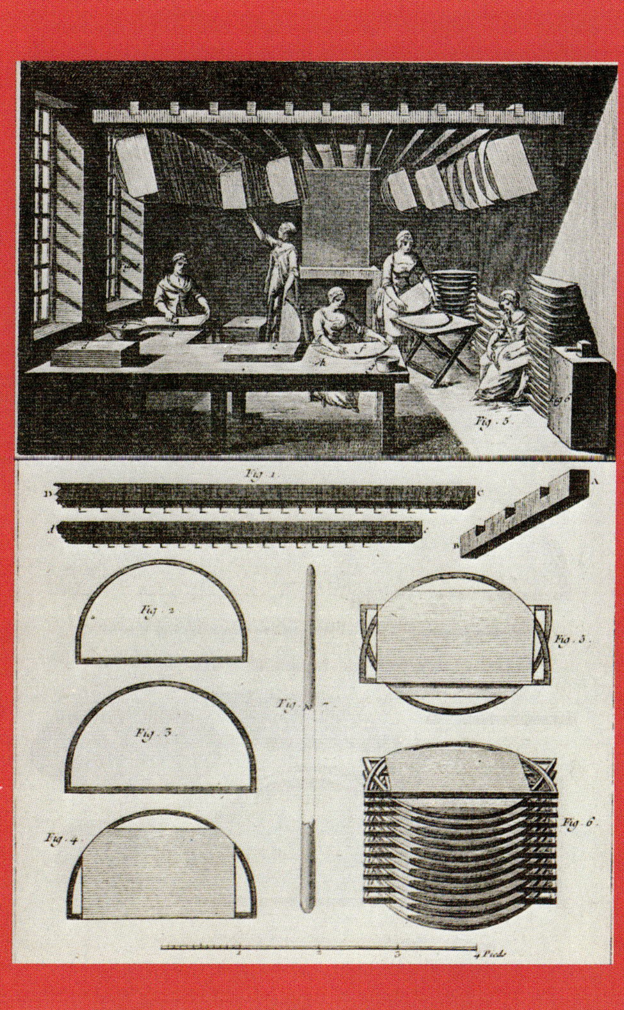

UN PO' DI STORIA

"Ventaglio d'autunno" era detta nell'antico Giappone una sposa abbandonata, negletta come un oggetto frivolo che si accantona distrattamente quando non serve più. Nel Settecento esisteva un vero e proprio linguaggio muto dei ventagli, enigmatico per il profano, ma affascinante per l'iniziato che vi scorgeva i termini di un segreto gergo amoroso. Per la sua fertile vena simbolica il ventaglio interessa dunque la storia della moda e del costume sociale di popoli antichi e moderni.
Ma non è questo l'aspetto che si vuole indagare; l'oggetto può anche essere studiato come manifestazione originale dei gusti artistici espressi nelle varie epoche non solo nei celebrati capolavori del genio individuale, ma anche nella minuta ornamentazione di un numero indefinibile di manufatti di pratica utilità.
Se nell'evoluzione stilistica del ventaglio europeo si riconosce facilmente il contributo determinante della pittura, minore attenzione viene riservata al ruolo, pur non indifferente, svolto in questo settore dalle tecniche dell'incisione e della stampa in generale, dal Rinascimento fino a buona parte del secolo XIX.

A LITTLE HISTORY

In ancient Japan, an abandoned bride was described as a "fan in Autumn", an object of little value that can be put aside when no longer of use. In the 18th century the fan was the medium for a complete codified language, incomprehensible to the uninitiated but of unending fascination to those who were able to decipher the symbolism of this romantic dialect. Its rich figurative content gives the fan a place in the history of fashion and social customs, both in ancient and modern times. This book, however, does not deal principally with this aspect: the fan can also be studied as an original means of artistic expression. The tastes of successive periods are not only revealed in celebrated masterpieces made by individuals of genius, but also in the intricate decoration of an infinite number of practical objects. The influence of painting can be clearly discerned in the stylistic evolution of the fan in Europe, and less attention is paid to the role, though of more than minor importance, played in this field by etching, and printing techniques in general, from the Renaissance until the late 19th century. Though the paper fan is not exclusively a support for engraving and printing (the gouache-painted fans of the 18th century

Benché il ventaglio di carta non si identifichi automaticamente col ventaglio inciso o stampato, sono celebri infatti le "gouaches" su carta del ventaglio settecentesco, i procedimenti incisori congiunti all'uso del supporto cartaceo fanno di questo oggetto qualcosa di veramente particolare. L'incisione infatti può essere intesa come un'espressione artistica autonoma che occasionalmente si sposa a finalità pratiche, come nel caso in cui un celebre incisore adatti una sua composizione alla superficie di una ventola o di un ventaglio, oppure costituisce una sorta di arte applicata concepita con puri intenti decorativi nella tradizione delle cosidette stampe d'uso. Fino all'avvento della fotografia e della riproduzione fotomeccanica, l'incisione originale era infatti la forma più abituale di illustrazione. Tra i molti contributi esistenti sul ventaglio, il presente vuole limitare il proprio orizzonte d'indagine al ventaglio di carta o meglio, al ventaglio stampato e ad alcuni aspetti inediti del suo multiforme e imprevedibile linguaggio. Non stupisca perciò se in quest'ottica più che il contesto di un oggetto ci ha attratto il frammento, l'immagine sciolta, purchè graficamente interessante, anzichè la montatura, anche se significativa in una storia del ventaglio "tout court". Le poche parole che spenderemo per delineare sommariamente la fisionomia storica di questo singolare accessorio della moda femminile

---

are particularly famous), the use of engraving skills for the decoration of paper fans led to the creation of a particularly interesting class of object. Engraving can, in fact, be considered as an independent means of artistic expression that occasionally is united with a practical use, as happens when a famous engraver adapts one of his compositions to the surface of a screen fan or folding fan; alternatively it can be thought of as a type of applied art, conceived for purely decorative ends in concordance with the tradition of popular prints.

Until the advent of photography and photomechanical reproduction, the original engraving represented the most common form of illustration. As there are numerous studies dedicated to the fan, this book limits its horizon to the paper fan or, more precisely, to the printed fan and some of the more unusual aspects of its multifaceted and surprising vocabulary. For this reason the detail and the isolated image of graphic interest has been preferred to the sticks or blades, though of course the latter are of importance in a complete history. The few words dedicated to a brief summary of the history of this very particular fashion accessory are intended to highlight the contribution of printing techniques in the decoration of the older screen fans and the more recent folding fans.

avranno cura di evidenziare più direttamente soprattutto il contributo offerto dalle tecniche di stampa nei processi ornamentali delle antiche ventole e dei moderni ventagli pieghevoli.

I progenitori
L'antico flabello di piume o stoffa, rituale e simbolico era usato da Assiri, Babilonesi, Persiani ed Egizi, questi ultimi per scopi pratici si servivano di un tipo più piccolo e maneggevole. Nel corso del V secolo a.C., il flabello si trasferì in Grecia e da lì nel mondo romano dove esisteva, pare, una fiorente industria del settore e dove entrò nel corredo muliebre.
Tutte le fogge dell'antichità si riconducevano allo schema fisso di una foglia con peduncolo e alla montatura rigida; il ventaglio pieghevole giungerà a noi molto avanti da prototipi estremo-orientali.
Nell'Europa medievale si perpetuò la tradizione del modello rigido, in penne di pavone ancora nel secolo XIII, più spesso tondo in stoffa e piume usato nelle celebrazioni liturgiche. Il nome francese "esmouchoir" non lascia dubbi sulla principale forma di utilizzo, cacciare le mosche dal calice eucaristico. Esisteva anche un

---

Earliest forms
The ancient "flabellum" of feathers or fabric was ritually and symbolically used by Assyrians, Babylonians, Persians and Egyptians: for more practical necessities the Egyptians used a smaller and less cumbersome type. During the 5th century B.C. the flabellum spread to Greece, and from there to the Roman civilisation, where there developed a flourishing industry dedicated to the fan, which was a part of a woman's household goods.
All ancient types of fan were based on the pattern of a leaf with its stalk, and therefore had a fixed mount: The folding fan reached our continent much later, from Far-Eastern prototypes.
In Mediaeval Europe the traditional rigid model perpetuated in the form of peacock feathers in the 13th century, but more often with fabric and feathers, used in liturgical rites. The French name "esmouchoir" leaves no doubt as to its principle use, to drive flies away form the eucharistic chalice. In addition there was a pleated fan which, when opened, took the form of a disc mounted on a rod of wood or other more precious material, and is known as the cockade fan; the oldest known, which belonged to queen Theodolinda, is now conserved in the Treasury of Mon-

ventaglio pieghettato che aperto assumeva la forma di una ruota montata su un bastoncino di legno o di altro materiale più pregevole; tra i più antichi quello della regina Teodolinda, ora conservato presso il tesoro del Duomo di Monza, in pergamena purpurea provvisto di astuccio riccamente ornato.
A partire dal XVI secolo in Italia e Francia ebbero grande fortuna i ventagli a banderuola o ventole. In territorio italiano dal secondo quarto del 1500 fino alla metà del '700 si diffusero capillarmente grazie ai centri di produzione di Venezia, Roma, Bologna; la calcografia Remondini di Bassano continuò a vendere fogli incisi per ventole fino al termine del secolo XVIII tanto era consolidato il loro favore tra il pubblico. L'oggetto, formato da un rettangolo con un manico di legno centrale o laterale, a volte dipinto a mano o in trina ricamata o in carta stampata, era utilizzato indistintamente in tutte le classi sociali.
La ventola in carta era costituita da un foglio di misura variabile, di solito cm. 18/20 x 14/16, stampato con due soggetti sulla stessa faccia, ripiegato lungo la linea mediana e incollato nel mezzo in modo che i motivi figurativi apparissero contemporaneamente su entrambe le facce contrapposte. Le stampe che si utilizzavano per le ventole, spesso rinforzate da cartoni di supporto intermedi tra un foglio e l'altro,

---

za Cathedral, and is in purple vellum provided with a richly decorated case.
From the 16th century on in Italy and France, the flaglike screen fans were very popular. In Italy, from the second quarter of the 16th century up until the mid 18th century they had a far-reaching spread fuelled by the centres of production, Venice, Rome and Bologna: the lithographists Remondini of Bassano sold engravings for fans up until the end of the 18th century, an indication of their popularity with the public. The object, formed of a rectangle with a central or lateral wooden handle, sometimes hand-painted or in embroidered lace, was used indiscriminately by all social classes.
The paper screen fan consisted of a sheet varying in size but usually 18/20 cm. by 14/16 cm., printed with two subjects on the same face, and folded along the centre and glued, so that the illustrations appeared on both sides.
The prints used for screen fans, often reinforced with sheets of card between the two sides, were a much-appreciated addition because they were generally of light subject-matter, though often of considerable artistic interest. In fact Jacques Callot, Stefano della Bella and Antonio Tempesta produced illustrations for fans that have by now become a part of the collector's critical repertoire. The techniques used

costituivano un complemento molto gradito perchè poco impegnativo, anche se non di rado di un certo interesse sotto il profilo artistico.

Jacques Callot, Stefano della Bella, Antonio Tempesta illustrarono infatti alcuni modelli entrati ormai a far parte del tradizionale bagaglio critico del conoscitore. Le tecniche variavano dall'incisione a bulino, dove si agiva direttamente sulla lastra di rame, alla silografia per mezzo di tavolette di legno intagliate, all'acquaforte, tramite una matrice incisa per effetto di un potente acido, per finire, nell'inoltrato Settecento, con complesse soluzioni calcografiche che univano insieme gli effetti ottenuti da svariati procedimenti grafici.

Ancora comuni sono le ventole del '600 e del '700 con soggetti a volte grotteschi, di gusto popolare usciti dalla stamperia Soliani di Modena e dalla Ditta Remondini di Bassano opera di artigiani veneziani come Giacomo Ruffoni, Francesco Zorzi e del veronese Alberto Ronchi. Non mancano i soggetti classici o galanti, anche se la natura stessa della ventola legata all'utilizzo occasionale e scanzonato rendeva questo importante accessorio del costume italiano particolarmente adatto ad ospitare proverbi e motti di spirito.

---

include engraving, in which the artist directly incises the copper plate; wood cut, using engraved wood blocks; etching, which uses a strong acid to incise the plate; and, in the late 18th century, complex methods of printmaking that combined the effects produced by various graphic procedures.

17th and 18th century screen fans, often with grotesque subject matter, are still common: they are of popular taste and were produced by the printers Soliani of Modena, and by the firm Remondini of Bassano, products of Venetian craftsmen such as Giacomo Ruffoni and Francesco Zozzi, and Alberto Ronchi from Verona. Chivalrous and classical themes do occur, though the fan's very nature, related to occasional and frivolous use, made this important accessory of Italian costume and fashion particularly adapted to decoration with proverbs and witty sayings.

The folding fan

In the early 17th century the folding fan appeared in Europe: it could be closed, and was typically made of a mount of paper, fabric or other materials stretched over sticks and mobile rods held together with a ribbon. This type is thought to derive from Japan or China: in fact it was introduced into China from Japan in the 9th

Il ventaglio pieghevole

All'inizio del XVII secolo comparve in Europa il ventaglio pieghevole, con possibilità di chiusura, in una forma che può dirsi definitiva dove la pagina di carta, stoffa o altro materiale era montata su raggi e stecche mobili tenuti insieme da un nastro. La tipologia si pensa provenisse dal Giappone o dalla Cina dove del resto era stato importato nel IX secolo proprio da quel paese.

La Francia in questo periodo iniziò un tipo di produzione che mirava all'eleganza e alla leggerezza delle montature, realizzate con i materiali spesso più pregevoli e rari come la madreperla e il filo d'oro e d'argento. I tipi dipinti si ispiravano o forse utilizzavano direttamente soggetti di Ch. Lebrun e A. Van Dyck; Abraham Bosse incise dei fogli per ventaglio nella forma semicircolare che meglio si adattava ai processi di lavorazione e montatura sulle stecche. E' forse superfluo citare la sua famosa composizione **La Galerie du Palais** dove si vede un negoziante che mostra ai clienti una scatola con il titolo "Ventagli di Bosse". Allo stile del Bosse appartengono alcune creazioni di N. Loire, eseguite molto più tardi, verso il 1675. Alla corporazione francese dei ventaglisti nel 1678 si attribuì il diritto di commerciare questo materiale che pure veniva prodotto come frutto del lavoro di pittori,

---

century.
The fan production of 17th century France was marked by a new effort to achieve delicacy and grace of the sticks, made from rare and and precious materials such as mother-of-pearl and gold and silver wire. Painted examples were based on, or directly copied, subjects by Ch. Lebrun and A. Van Dyck; Abraham Bosse engraved fan mounts of semicircular shape, well-suited to the process of pleating and stretching the mount over the blades. It is hardly necessary to mention his well-known composition "La Galerie du Palais" in which a shopkeeper shows his clients a box entitled "Bosse's fans". Models by N. Loire, made much later, towards 1675, are in Bosse's style.
The Fanmaker's Guild was formed in 1678 and was given the right to sell fans, even though they incorporated the work of painters, engravers, gilders and cabinetmakers, as well as the fanmakers themselves who merely worked the paper mounts. During the 18th century the subject matter of the illustrations tended to repeat that of the preceding century, with figurations deriving from epic and bucolic poems, or from Bible stories, but they became lighter and were accompanied by country side and romantic scenes and others from the graceful repertory of the Louis XV

incisori, doratori, stipettai e ventaglisti propriamente detti che si occupavano solo della lavorazione delle pagine in carta.

Nel Settecento i temi ricalcarono in parte gli stilemi del secolo precedente, con raffigurazioni attinte dei poemi epici e bucolici o dalle scene bibliche, ma si fecero meno pesanti e si arricchirono di scene campestri, di storie d'amore e del repertorio "leggiadro" del periodo Luigi XV. Tra gli artisti che fornivano disegni per le decorazioni si annoverano F. Boucher, A. Watteau, J.A. Van Loo, H. Robert, J.B. Greuze, Lagrenée, Degault, Lemoine, Rosalba Carriera.

Le montature risultarono più raffinate ed elaborate sfruttando sempre più sapientemente la preziosità delle materie prime utilizzate, come l'avorio, la madreperla, il taffetà, la pelle, famosa la cosidetta "pelle di pollo", e non ultima la carta.

I ventagli più comuni erano di carta incisa e dorata, *papier à la serpente* dipinta in superficie, o di carta con fondo punteggiato d'oro e argento detti *pluies*.

Ancora la Francia guidava la moda con centri di produzione specializzati settorialmente, come i villaggi piccardi per le montature, e i fabbricanti parigini che curavano in particolare la preparazione dei fogli.

La tradizione delle stampe incise e acquerellate con vivaci colori influenzò com-

---

period. The artists that provided designs for fan decoration include F. Boucher, A. Watteau, J. A. Van Loo, H. Robert, J. B. Greuze, Lagrenée, Degault, Lemoine and Rosalba Carriera. The sticks were refined and highly decorated, making full use of the qualities of the material used such as ivory, mother-of-pearl, taffeta, leather and the so-called "chickenskin", and equally important, paper.

The commonest fans were in paper printed with an engraving and gilded, painted "papier la serpente", or in paper dotted with gold and silver, known as "pluies". France was still the leader of fashion, with specialized production centres such as the Picard villages that made the sticks and Parisian manufacturers that were particularly concerned with preparation of the mounts.

The tradition of brightly watercoloured prints gave rise to patchwork-type compositions in which the figures depicted on the fans were embellished with pieces of felt and coloured cloth, becoming polychrome Rococo accessories.

During the period 1733-34, fans with theatrical scenes and motifs of Parisian life were in vogue. Towards the end of Louis XV's reign, compositions set into medallions became popular: they were oval, round or square, and grained. The fans were used by middle-class women. Contemporary events appeared on fans in 1783

posizioni tipo "patchwork" dove le figurine disegnate sui ventagli venivano rivestite di ritagli di panno e stoffa colorata, amenità policrome del rococò...
Nel periodo 1733/34 erano rinomati i ventagli con scene teatrali e motivi della vita parigina. Verso la fine del regno di Luigi XV, presero piede le composizioni inserite nei medaglioni, ovali, tondi o quadrati, e incise a granito per le dame della borghesia. L'attualità trovò spazio nei ventagli nel 1783 quando apparvero modelli "alla Montgolfier" celebrativi dell'invenzione dei primi palloni aerostatici.
La Rivoluzione del 1789 depresse l'industria del ventaglio di lusso, ma favorì il proliferare di soggetti legati all'attualità politica e sociale; i modelli incisi di questo periodo risentono di una minor raffinatezza nella colorazione e nella montatura spesso di semplice legno.
Lebeau fu interprete nelle incisioni della moda patriottica applicata al ventaglio.

La produzione italiana
In Italia si guardava alla Francia; la produzione veneziana si distingueva con ventagli d'uso comune ornati da incisioni del Bagazzi, del Finazzi e dei Remondini di Bassano, incisioni in nero o a colori sul genere satirico o politico apparvero verso

---

when Montgolfier examples were produced, celebrating the invention of the hot-air balloon.
The Revolution in 1789 depressed the luxury fanmaking industry but stimulated the proliferation of subjects linked to political and social events of the times: the printed examples from this period are less delicately coloured and often have simple wood sticks. Joseph Lebeau appeared in fashionable patriotic engravings used for fans.

Italian production
Italy was very much influenced by France. Venetian production was characterized by fans for everyday use decorated with engravings by Bagazzi, Finazzi and by the Remondini family of Bassano: black or coloured prints with satirical or political subjects appeared towards the end of the century, and were of moderate artistic value. Italian fans with etchings by Carlo Lasinio (one of which is a copy after Bartolozzi), printed by Pagni and Bardi in Via Maggio, Florence, are mentioned in the catalogue of the famous Schreiber Collection at the British Museum in London. This catalogue divides the themes illustrated on fans into groups: portraits, historical the-

la fine del secolo, ma di molto relativo valore artistico. Nel catalogo della celebre collezione Schreiber, al British Museum di Londra, sono citati ventagli italiani incisi da Carlo Lasinio all'acquaforte, di cui uno d'*après* Bartolozzi, stampati a Firenze da Pagni e Bardi in via Maggio.

Nel citato catalogo della collezione Schreiber i temi riprodotti nei ventagli stampati sono divisi in diverse categorie: ritratti, temi storici, la guerra nella Penisola Iberica, classici e biblici, giochi di società, pastorali, sulla letteratura e pittura, teatrali, istruttivi e divertenti. I repertori erano in effetti assai fantasiosi e arrivavano a includere temi molto frivoli come le tariffe delle corse in carrozza in località amene e i posti degli abbonati ai teatri, così come argomenti seri quali scene di battaglie famose o semi-seri come la satira sugli instabili equilibri delle potenze europee.

La produzione Europea

Nel secolo XVIII pare che l'Inghilterra fosse alla testa della produzione europea di ventagli stampati che venivano ampiamente esportati.

I primi esemplari comparvero a Londra verso il 1725, ancora poveri nel disegno e nella colorazione, i pezzi migliori infatti datano dal 1740 in avanti. Questi posso-

---

mes, the war in the Iberian peninsula, classical and Biblical subjects, party games, pastoral scenes, subjects from literature and painting, theatrical, educational and entertaining motifs.

The wide-ranging repertory even included such frivolous subjects as the prices of carriage trips in holiday locations and subscriptions for seats at the theatre, as well as more serious arguments like famous battle scenes, and contemporary satire relating to the unstable equilibrium of the European powers.

European production

In the 18th century, England was the leading country for the production of printed fans, which were widely exported. The first examples were made in London towards 1725, still primitive in design and colouring: the best pieces date from after 1740. With a little luck, these can be dated and classified with fair accuracy due to the rules introduced in 1735 by the English Provision Act, a copyright that protected the printer-publisher, allowing him to add his name, address and the date of publication at the foot of the composition. Unfortunately this historically interesting information was often lost during the process of stretching the mount onto

no, con un po' di fortuna, essere classificati con una certa esattezza grazie alle disposizioni introdotte nel '35 dal "the English Provision Act", un copyright che tutelava lo stampatore-editore permettendogli di aggiungere in calce alla composizione il suo nome, l'indirizzo e la data di pubblicazione. Purtroppo questi elementi di un certo interesse storico andavano sovente perduti nel processo di montatura quando per necessità pratiche la pagina in carta doveva essere ridotta.
Nei modelli inglesi veniva impiegata una gamma di tecniche più vasta rispetto a quelli francesi: si usava con più frequenza l'acquaforte, naturalmente, ma l'acquatinta che imita gli effetti dell'acquerello ebbe più fortuna che in Francia, così la complessa mezzatinta che ornava ventagli costosi era abitualmente utilizzata in terra anglosassone.
Il grande incisore italiano Francesco Bartolozzi, che costruì la sua fortuna artistica e critica a Londra, ci lasciò nel tardo Settecento fogli per ventaglio incisi nella sua tecnica preferita, il punteggiato.
Anche l'editore Poggi che aveva sede in St. Georges Row, Hyde Park a Londra commissionò alcuni ventagli a questo prolifico incisore.
Il ventaglio inciso nel corso dei secoli XVIII e XIX era un prodotto effimero e a volte

---

the sticks, when the paper sheet had to be reduced in size for practical reasons. A wider range of techniques appear in the English models with respect to the French fans: etching was of course more frequently used; aquatint, imitating watercolour effects, was more popular than in France; and the complex system of mezzotint, used in the decoration of expensive fans, was commonly used in England.
The great Italian engraver Francesco Bartolozzi, who built his artistic fortune with public and critics in London, left mounts for fans engraved in his preferred technique, the "stipple-engraving". The publisher Poggi, situated in London, St. George's Row near Hyde Park, commissioned a number of fans from this prolific engraver. The printed fan, during the course of the 18th and 19th centuries, was an ephemeral and often poor-quality object. The black and white print was coloured later, often on request of the customer: backgrounds were simply painted with conventional skies and landscapes and motifs were repeated on numerous fans with only slight variation in the backgrounds due to the ease of reproduction. The plate could be used many times, even over the course of years.
In the early 19th century, the Parisian fanmaker Duvelleroy kept plates dating from the preceding century in order to satisfy the difficult tastes of his customers. Engra-

di inferiore qualità. Il disegno impresso in bianco e nero era colorito in un secondo momento, spesso a richiesta dell'acquirente, gli sfondi erano semplicemente dipinti, cieli e paesaggi convenzionali, e gli stessi motivi si potevano ripetere di ventaglio in ventaglio solo con piccole varianti nei fondali grazie alla facile moltiplicabilità dell'immagine ricavata da una matrice utilizzabile anche a distanza di tempo.
Il ventaglista parigino Duvelleroy nei primi dell'Ottocento teneva a disposizione lastre del secolo precedente per accontentare i gusti difficili della sua clientela. Incisori e decoratori, a parte eccezioni, erano personaggi senza fama che si applicavano a queste attività con spirito spesso poco più che artigianale, a volte erano gli stessi artisti che operavano anche nel campo della decorazione su porcellana.

Verso l'industrializzazione
Le montature potevano essere di avorio, ma anche di legno più o meno pregevole; nell'Ottocento non è infrequente trovare semplici stecche in legno dignitosamente essenziali e sobriamente lavorate che sorreggono pagine incise abbellite con seducenti policromie. Il secolo XIX introdusse perfezionamenti tecnici che convogliarono gradualmente la produzione verso applicazioni sempre più industrializzate.

---

vers and decorators, with a few exceptions, were uninspired artists, often having little more than the artisan spirit and sometimes working as porcelain decorators in addition.

Towards industrialization
The sticks could be of ivory, but also in wood of greater or lesser value: from the 19th century one often finds simple and elemental wooden sticks, with restrained decoration, supporting engraved sheets embellished with bright colour. This century saw the introduction of technical refinements that gradually moved production towards industrialization.
Paper for printing was made by machine and no longer by hand as before, and can be recognised by its smoother surface: in the same way the decorative paper making up the largest area of the fan, around the principal subject, was machine-made and generally lithographically printed.
For some time, with variation according to location, engraving, etching and wood-cutting techniques continued to be used, but towards 1850 the more simple and economic lithography, which was also more graphically versatile, became wide-

La carta per le incisioni venne prodotta a macchina, e non più a mano come in precedenza, ed è riconoscibile per le superfici più levigate, così come era prodotta meccanicamente anche la carta decorativa che costituiva la parte più ampia del ventaglio, intorno al soggetto centrale generalmente stampato in litografia.
Per qualche tempo, con differenze secondo i luoghi, si continuò ad impiegare le tecniche di stampa calcografiche, cioè quelle tradizionali da lastre di metallo, incise oppure la silografia, ma intorno alla metà del secolo si affermò quasi ovunque in Europa la vantaggiosa litografia di più semplice realizzazione e di maggior versatilità grafica. La litografia che non è propriamente una tecnica di incisione, ma semplicemente un procedimento di stampa da matrice ottenuta da una pietra porosa su cui si è disegnato come su un foglio con una matita grassa, permetteva risultati simili a quello del carboncino o del pastello nero e si prestava a comporre sequenze molto narrative ricche di personaggi e di particolari. La Francia era specializzata in soggetti stampati in litografia e colorati a mano ad imitazione delle composizioni settecentesche soprattutto del periodo rococò con abbondante spreco di scene galanti e pastorellerie. Le guerre napoleoniche depressero non poco la manifattura europea al punto che solo intorno al 1830 in Francia e Spagna si potè parla-

---

use of chromolithography is of particular importance: this method permits the production of a coloured print using many plates, each printing a different colour.
M. Leger-Pomel applied chromolithography to the fan in 1828, but it was widely practised only after 1860. In 1875 Lauronce utilised the process for decorating silk, in a tradition that persisted, with some variants, until 1890 circa.
The 19th century never produced a fan that could be described as a true artistic expression of its time, as the eclectic nature common to all figurative work of that century made each fan merely a testimony of greater or lesser worth of the individual artist's creative spirit.
In France, industrialization led to the perfection of machines for the shaping, cutting, carving and varnishing of fan components, and between 1824 and 1868, 24 manufacturing patents were deposited.
In Milan, 1872, a certain Zanetti succeeded in the production of series-made fans of low cost, in competition with the richly decorated or hand-painted artistic fan. For a short time, T. Clerici ran the National Fan Factory, and the Gondrand brothers, famous for their transport firm, set up a firm headed by an expert of rigorously Parisian mould, Ambrogio Tenenti. At the same time an industry of cheap fans

re di una rinascita nel settore. Le condizioni economiche favorirono giocoforza un ventaglio di minor pretese, in carta brisè con stecche, dove l'osso e il corno sostituirono materiali più impegnativi. Benchè l'Ottocento sia stato l'epoca di tutti i ventagli quello di carta si può considerare il più rappresentativo almeno fino al '70 e all' 80 quando incominciò la moda dei modelli di pizzo a buon mercato o dei vistosi ventagli in garza dipinta ad imitazione dei tipi giapponesi.

Le innovazioni tecniche

Tra le innovazioni tecniche che influenzarono l'evoluzione stilistica del ventaglio, di una certa rilevanza è l'applicazione della cromolitografia con la quale si poteva colorare la stampa direttamente attraverso tante lastre, ognuna in un colore differente. M. Leger-Pomel l'applicò al ventaglio nel 1828 anche se cominciò a diffondersi ampiamente solo intorno al 1860, Lauronce l'utilizzò per ornare le sete nel 1875 secondo una consuetudine che si protrasse con varianti fino a circa il 1890.
L'Ottocento non produsse un ventaglio che possa dirsi una vera testimonianza artistica del suo tempo, l'eclettismo che ne pervase tutte le manifestazioni figurative rese il ventaglio tutt'al più un documento più o meno pregevole dell'estro creativo

---

spread all over Europe. Lithography is not an intaglio technique, but a printing procedure utilising a porous stone as a plate, on which the artist draws with a greasy pencil. It gives results similar to charcoal or pastel drawings and is well-suited to the composition of narrative sequences rich in detail and figures. France was specialized in the production of hand-coloured lithographs imitating 18th-century compositions, especially those of the Rococo period abundant in gallant and pastoral scenes.
The Napoleonic Wars greatly depressed European production, and only around 1830 was there a revival of the sector in France and Spain. Economic conditions dictated the manufacture of a less pretentious fan, in "brisé" paper with bone and horn sticks replacing more valuable materials. Though the 19th century was a period in which all types of fans were common, the paper version was the most typical at least until 1870-80, when cheap lace fans and showy painted gauze models imitating Japanese types became fashionable.

Technical innovations
Amongst the technical innovations that influenced the fan's stylistic evolution, the

di un singolo artefice.

L'industrializzazione portò in Francia al perfezionamento di macchine per la lavorazione dei ventagli nella modellatura, nel taglio, nella scolpitura, nella verniciatura ecc., tant'è che tra il 1824 ed il 1868 furono depositati ben 24 brevetti di fabbricazione. A Milano un certo Zanetti nel 1872 riuscì a produrre ventagli di serie a basso costo da contrapporre al ventaglio riccamente ornato o a quello artistico dipinto a mano, T. Clerici diede vita per breve tempo ad una fabbrica nazionale di ventagli, i fratelli Gondrand, celebri per l'impresa di trasporti, avviarono una ditta cui misero a capo un esperto di formazione rigorosamente parigina, tale Ambrogio Tenenti. Contemporaneamente a Torino sorgeva una manifestazione di ventagli a buon mercato con le stampe incollate sopra, così a Brescia la produzione in quegli anni fu comunissima con lo scopo di rintuzzare la concorrenza giapponese, allora come oggi terribilmente concorrenziale in determinati settori.

Nel periodo della Restaurazione (1814-30) in Francia andava di moda portare ventagli ispirati al gusto Luigi XV, in Italia invece si preferivano piccole immagini di tono più famigliare, raffiguranti scenette di vita quotidiana, naturalmente di ambiente aristocratico nel costume contemporaneo.

---

with small glued prints grew up in Turin, and in Brescia very plain fans were made in order to beat off Japanese competition, then as today very strong in certain sectors. In France, during the Restoration period (1814-30), it was fashionable to carry fans of Louis XV style; in Italy small illustrations of a more familiar atmosphere were preferred, with scenes of everyday life, naturally in the aristocratic environment with contemporary dress.

The French middle class, which became the ruling class from the reign of Louis Philippe (1830-48), spurred the research of ancient types and above all the revival of 17th and 18th-century models by means of copies: this tendency lasted until 1860 circa and was also influenced by the interest in a more distant past such as the Middle Ages, introduced by the Romantic movement. During the 20th century the French fan remained the stylistic leader and was exported all over the world in a wide variation of forms and materials: however it was itself largely a product of Japanese aesthetic canons, due to the awakening of interest in that country and the consequent passionate research in new types of decoration which went on for the second half of the 19th century and the beginning of the 20th.

Famous painters continued to decorate fans, though in lesser numbers than in the

La borghesia francese, classe dirigente a partire dal regno di Luigi Filippo (1830/48) stimolò la ricerca dei modelli antichi o il "revival" delle copie, soprattutto del Sei-Settecento, una moda che perdurerà fino al 1860 circa influenzata anche dall'interesse per un passato meno recente, come il Medioevo, introdotto dal Romanticismo. Nel XX secolo il ventaglio francese dettava ancora le regole dello stile e si esportava in tutto il mondo nelle forme e nei materiali più disparati, in larga misura sottomessi ai canoni estetici giapponesi, una rivelazione che suscitò tra la seconda metà dell'Ottocento e l'inizio del nostro secolo una appassionata ricerca di nuovi tipi di decorazioni.

Benchè in minor numero che nel passato famosi pittori continuarono ad applicarsi alla ornamentazione del ventaglio. Creazioni dette "foglio di ventaglio" raramente montate, erano infatti per gli artisti un'occasione per applicarsi ad una misura compositiva particolare, il semicerchio, che evidentemente stimolava suggestive soluzioni formali.

Durante la Belle Epoque il ventaglio possibilmente d'autore era d'obbligo nei ricevimenti o nelle occasioni importanti, i messaggi pubblicitari trovavano spazio nei modelli venduti ai grandi magazzini o nei centri di svago e ricreazione.

---

past. Works known as "fan leaves", rarely mounted on sticks, represented an opportunity for the artist to study an unusual compositional shape, the semicircle, which obviously stimulated interesting formal arrangements.

During the Belle Epoque a fan, preferably signed by a famous artist, was essential for receptions or important occasions: fans sold in department stores or in holiday and leisure centres were used as advertising vehicles.

Ephemeral object

At this point it is necessary to digress with a few reflections suggested by the object in consideration.

The older screen fan in paper and the more modern folding fan made in the same material, though very different in shape, have the same nature, that of an ephemeral object intended for immediate use not by those who necessarily expect a luxurious artefact, but those who are happy with an accessory in restrained style that discreetly underlines the owner's personality.

This study of prints used for fans aims at giving a general idea of the range into which the recurrent subjects fall: a repertory that was also common to the vast sec-

Oggetto effimero

Sono d'obbligo a questo punto alcune considerazioni suggerite dal materiale che abbiamo voluto riprodurre. L'antica ventola in carta e il moderno ventaglio pieghevole nello stesso materiale, benchè lontani sotto il profilo formale ubbidiscono ad una medesima natura, quella di un oggetto effimero pensato per il consumo immediato di chi non pretendeva a tutti i costi un prodotto suntuario, ma si accontentava di un accessorio sobrio che sottolineasse discretamente la personalità di chi lo portava.

Il nostro breve saggio di incisioni per ventola vuole dare un'idea di massima del repertorio dei temi più sfruttati: il medesimo a cui attingeva il vasto settore della stampa popolare, al punto che Achille Bertarelli collezionista e studioso di incisione antica poteva tranquillamente affermare: "..oggi si potrebbe scrivere la storia della stampa popolare servendosi esclusivamente delle raffigurazioni su ventole". Esistevano naturalmente anche incisioni artistiche per ventole destinate a una clientela più esigente, e qui ne diamo interessanti esempi, ma essendo questo accessorio diffuso indistintamente tra tutti i ceti sociali e risultando la cultura popolare nei secoli XVI e XVII ancora una sorta di seconda cultura per le persone istruite ecco

---

tor of popular prints, and in fact Achille Bertarelli, a collector and scholar of the antique print, was justified in affirming: "Today the history of the print could be written using exclusively the illustrations on fans".

Of course there were also artistic prints made for fans destined to a more demanding clientele - some interesting examples are included here - but the fan was widely used by all social classes and so the illustrations decorating the object's simple shape referred to universally-shared subject matter. Anyway, during the 16th and 17th centuries, popular culture was a sort of second culture for the more educated classes.

Fashion

At the beginning of the 19th century the situation changed, as traditional, so-called popular culture was abandoned, to be maintained only by the lower classes. Up till then, in the midst of its eclectic variation of styles, the fan was a vehicle for compositions such as "The topsy-turvy world" and "The land of Cockaigne", typical expressions of popular imagination that were included in the printer Remondini's catalogue in 1791.

che fu possibile sposare alle semplici forme dell'oggetto l'evidenza rappresentativa di immagini che si riferivano ad un vissuto universalmente condiviso.

La moda

La situazione cambiò intorno all'Ottocento quando la cosiddetta cultura popolare venne semplicemente abbandonata alle classi subalterne.
Fino ad allora, pur nel suo indiscusso eclettismo, la ventola ospitò composizioni come "Il mondo alla rovescia" o "Il paese di Cuccagna", tipici assunti dell'immaginario popolare, che troviamo ancora citati nel catalogo della stamperia Remondini del 1791.
Le tematiche di cui si appropriò la produzione ventaglistica ottocentesca appartengono invece, salvo eccezioni, al bagaglio culturale di una classe mediamente istruita e soprattutto "alla moda". Non mancano le citazioni colte, anche se in genere dopo il 1860 quando il ventaglio entrò a far parte dell'abbigliamento popolare nel senso più largo del termine, le iconografie, non sempre accessibili, sembrano volgarizzate per incontrare un gusto borghese assai poco forbito.
Ci sembra che il termine francese *"imagerie"* ci aiuti a definire in modo appropria-

---

The 19th century fan adopted a subject matter relating exclusively to the educated, and above all fashionable classes. Sophisticated use of figurative citation was more common, at least up until 1860 when the fan became a cheap and popular accessory of popular dress and the illustrations, though often still obscure, were apparently coarsened to meet the less acute tastes of the contemporary bourgeois.
The French term "imagerie" is useful in appropriately defining the figurative material used for the decoration of fans.
This word, in its technically widest sense, is used to imply a type of print that is not related to a specific tradition, but rather expresses a precarious expediency, the ideas and above all a certain sensitivity common to a particular social group. Thus the "imageries" were an expression of the social feelings with which the object in some way complied.
The illustrations from the first 30 years of the 19th century had a distinctly aristocratic flavour, inspired by contemporary habits, fashion and theatrical life: the subtle irony occasionally revealed by mourning fans of this period appealed to the more informal, individualistic and irreverent public that preferred not to turn a sad occasion into a display of unseeming distress.

to il patrimonio figurativo impiegato in questa particolare decorazione. La parola, nella sua accezione tecnica più ampia vuole indicare un tipo di stampa non legata ad una tradizione specifica, ma all'opportunità precaria, alle idee e soprattutto ad una certa sensibilità diffusa in un determinato contesto sociale. Tante erano le *imageries* quante erano le sensibilità che l'oggetto voleva assecondare.

L'impronta aristocratica è marcata nei soggetti del primo trentennio del secolo, ispirati al costume e alla moda contemporanei e alla vita teatrale; la sottile ironia che trapela talvolta da certi ventagli da lutto dello stesso periodo era gradita ad un pubblico un po' scanzonato, individualista e irriverente che non voleva fare di un tragica circostanza l'occasione per poco eleganti deliqui.

I romanzi di Walter Scott, gli scritti di Chateaubriand evocavano un Medioevo di maniera; il legittimismo politico alimentava nostalgie per i fasti rinascimentali e settecenteschi, mentre un romanticismo puramente letterario andava di moda tra èlites molto particolari. La figura di Lord Byron e gli eventi del risorgimento greco ispiravano i fogli di soggetto politico preferiti da liberali e progressisti.

Gli eventi burrascosi del 1848 stimolarono gli ardori di patria e di libertà che si trasferirono automaticamente sui ventagli celebrativi dell'azione collettiva nelle bat-

---

Walter Scott's novels and Chateaubriand's writings evoke a mannered Middle Ages: monarchistic political feeling fanned a nostalgia for the glories of the Renaissance and the 18th century, while a purely literary Romanticism was fashionable amongst a certain exclusive élite. The figure of Lord Byron and the events of Greece's moves towards independence inspired the political subjects preferred by liberals and progressives.

The turbulent events of 1848 stimulated feelings of patriotism and liberty that were automatically transferred to commemorational fans celebrating the collective action in the battles of independence: the examples referring to the Five Day's Resistance of Milan are those showing the most popular interpretative style.

The Romantic movement perpetuated the eclectic nature of fans both in "antique style" versions, in which motifs and decorations of past times were combined (often with little regard to historical chronology), and in examples showing "genre" scenes and historical reconstructions emphasizing the fragility of the woman, a typical 19th-century motif.

Following the example of the Empress Eugénie, the French Second Empire launched into a revival of the 17th and 18th century styles, reaching its peak with the

taglie per l'indipendenza; i modelli incentrati sulle cinque giornate di Milano sono quelli che conservano una vena interpretativa più spiccatamente popolare.

Lo spirito romantico mantenne vivo l'eclettismo nei ventagli ''all'antica'', dove si abbinavano motivi e decori dei secoli passati, spesso senza troppo rigore filologico, o si mirava alla ricostruzione di scene di genere e ambientazioni d'epoca in cui era sempre sottolineata la fragilità femminile, una caratteristica consolidata della moda ottocentesca.

Il secondo Impero in Francia favorì attraverso il gusto dell'Imperatrice Eugenia il revival sei-settecentesco che raggiunse allora il suo acme sotto l'influenza della moda spagnoleggiante propugnata dalla elegantissima sovrana.

Le iconografie in auge intorno alla metà del secolo sfruttavano la popolarità dei libretti d'opera, dei costumi popolari di maniera, delle vedute di località amene o famose. La Francia intorno al '70 diffuse un robusto neo-rococò che enfatizzava con accento aulico gli stili meno elaborati delle due decadi precedenti.

Dopo la grande guerra

Dopo la prima guerra mondiale la fortuna di questo oggetto andò rapidamente ca-

---

Spanish fashion promoted by the graceful queen.
Subjects in vogue around 1850 made use of popular opera themes, mannered local costume, and views of renowned leisure centres. 20 years later France initiated the spread of a robust Neo-Rococo, which aristocratically reaffirmed the less elaborate styles of the preceding two decades.

After the Great War
After the First War the fan's popularity rapidly declined along with the change in official entertainment habits. It was no longer ''de rigeur'' for receptions, and waned especially in consequence of social change and the progressive mechanisation of all practical objects.
In Europe, only Spain still successfully produces fans, and the market is flooded by Far Eastern products with very low prices: one often finds souvenir fans, concordant with tradition, on knick-knack stalls, where they always have been.
The renewed interest, on the part of many enthusiasts that for some years have formed highly specialized clubs, is due to the discovery of the fan as an ''objet d'art'' worthy of study and, if possible, collection. Exhibitions are dedicated to it, it has

lando col mutare delle forme di intrattenimento ufficiale, non fu più di rigore nei ricevimenti, ma soprattutto decadde in conseguenza della trasformazione del costume sociale e della progressiva meccanizzazione di tutti gli oggetti di utilità pratica. Solo la Spagna in Europa continua oggi con successo a produrre ventagli, mentre il mercato è invaso da prodotti orientali che si possono ottenere a prezzi accessibilissimi e non è infrequente imbattersi nei ventagli-souvenir, di vecchia tradizione, intramontabili sulle bancherelle di ninnoli a buon mercato.

L'interesse rinato da parte di non pochi appassionati che da qualche tempo tendono a riunirsi in sodalizi molto specializzati, dipende dalla scoperta del ventaglio come oggetto d'arte, da conoscere meglio e possibilmente collezionare. A esso oggi vengono dedicate mostre monografiche, un posto particolare gli è riservato nelle ricostruzioni storiche di particolari momenti della nostra civiltà, grandi collezioni di arti decorative, infine, cercano di valorizzare i loro fondi di ventagli con cataloghi ragionati che approfondiscono nel modo più rigoroso tutti gli aspetti tecnici e stilistici di questo intrigante accessorio della moda femminile.

Oggi come un tempo esistono ancora artisti che non sentono come una limitazione al loro estro ispirare modelli nuovi e originali.

---

a special place in the historical reconstructions of particular events in our civilisation, and important collections of decorative arts set out to best express the value of their heritage of fans with catalogues that rigorously study all technical and stylistic elements of this intriguing accessory of female fashion.

Today, as before, there are still artists who do not consider the design of new and original fans as a limitation of their creative spirit.

Famous collections

Fan collecting was popular in Europe from 1860 to 1890 circa, and in America and England from 1920 to 1930.

Fortunately it was possible to catalogue two famous and historic collections: the R. Walker collection in 1891, when it was sold at Sotheby's, and Lady Charlotte Schreiber's collection that included a large number of paper fans, many of which with engravings, in 1882 when it was donated to the British Museum. In the latter case the catalogue was edited by Lionel Cust.

The Vicoria and Albert Museum has a collection based around the nucleus formed by Sir M.D. Wyatt, a scholar who united a love for Mediaeval art with a specialized

Le celebri raccolte

Il collezionismo di ventagli interessò nel secolo scorso i paesi europei dal 1860 al '90 circa, l'America e l'Inghilterra tra il 1920 e il '30.

Due celebri collezioni del passato poterono fortunatamente essere catalogate: la collezione R. Walker nel 1891 in occasione della sua vendita presso Sotheby's e la collezione di Lady Charlotte Schreiber, ricca di ventagli in carta di cui molti incisi, nel 1882 quando venne donata al British Museum, il catalogo fu curato da Lionel Cust.

Il Victoria and Albert Museum fonda la parte più consistente della sua raccolta sul fondo costituito da Sir M.D. Wyatt, uno studioso che univa l'amore per l'arte medievale ad una particolare conoscenza delle arti industriali.

Citiamo ancora, la collezione di Mr. H. Bompas venduta all'asta verso il 1970, interessante per gli esemplari inglesi stampati, del secolo XVIII.

Il collezionista, cui si chiede ormai una decisa specializzazione perché le varie tipologie sono ormai rarefatte ed è molto difficile raccogliere abbastanza esemplari di ogni genere di ventaglio, può dunque orientarsi sui ventagli di carta con qualche soddisfazione.

---

knowledge of industrial art.

We can also mention the H. Bompas's collection sold by auction towards 1970, noteworthy for its English printed examples from the 19th century.

A fan collector has to be fairly specialized because by now many types of fan have become rare and so it is difficult to find a reasonable number of all of them. For this reason the paper fan represents a better choice for the creation of a satisfying collection.

However, even in this more restricted field a further selection is necessary according to personal interests and the availability of fans on the antique market. 19th-century fans printed lithographically are still fairly common, and with a little luck sheets ready for mounting on fan sticks, but never used, can be had from print-sellers. There is an archive of these prints at the A. Bertarelli Collection in Milan, with loose sheets and some complete paper fans. In Milan fans can also be found at the Poldi Pezzoli museum and at the Civic Collection of Applied Arts.

A large collection founded many years ago is housed in the Civic Correr Museum of Venice, which also possesses photographic reproductions of the specimens.

Outside Italy, apart from the above-mentioned museums in London, some of the

Naturalmente anche in questo settore si dovrà selezionare in base agli interessi e alle effettive disponibilità del mercato antiquario.
I ventagli ottocenteschi in litografia dovrebbero essere ancora abbastanza comuni, se si è fortunati si può trovare da qualche mercante di stampe un po' di fogli destinati alla montatura, ma mai utilizzati.
Un fondo di questo genere è costituito presso la Raccolta A. Bertarelli di Milano: pagine sciolte, ma anche alcuni ventagli di carta completi.
Sempre a Milano si possono cercare ventagli al Museo Poldi Pezzoli e alle Civiche Raccolte d'Arte Applicata.
Una grossa raccolta di antica costituzione esiste al Civico Museo Correr di Venezia, che possiede anche riproduzioni fotografiche dei pezzi.
All'estero oltre ai citati musei londinesi, ricordiamo tra i maggiori: il Museo di Arti Decorative di Parigi, presso il Palais du Louvre, il Museo Civico e i Musei Nazionali Bavaresi a Monaco di Baviera,i Musei Reali d'Arte e Storia a Bruxelles, il Museo d'Arte e Storia a Ginevra e il Museo Nazionale Svizzero a Zurigo, il Rijksmuseum di Amsterdam, in Spagna il Palacio Fernán *Núñez* a Madrid e nelle vicinanze della capitale il Palacio Real de Aránjuez.

---

more important groups of fans are in: the Museum of Decorative Arts in Paris, at the Palais du Louvre; the Civic Museum and the National Bavarian Museums in Munich; the Royal Museums of Art and History in Brussels; The Art and History Museum in Genever and the National Museum of Switzerland in Zurich; the Rijksmuseum of Amsterdam; the Palacio Fernan-Nunez in Madrid and, close to the Spanish capital, the Palacio Real of Aranjuez.
Amongst the great collections the Hermitage Museum of Leningrad, the Metropolitan Museum of New York (W.R. Hearst collection) and the Museum of Fine Arts of Boston are not to be omitted.

Bibliografia

• S. Blondel, Histoire des éventails chez tous les peuples et à toutes les époques, Paris 1875.

• A. Filippini-Fantoni, Il ventaglio e la sua storia in "Emporium", luglio 1895.

• R. Levi-Pisetzki. Storia del costume in Italia, Milano 1964/69
M. Gostelow, The Fan, Norwich 1976.

• G. Lise, Stampe popolari Lombarde, Milano 1976.

• G. Butazzi (a cura di), Costumi dei secoli XVIII e XIX - Comune di Milano - Civiche Raccolte d'Arte Applicata, Milano 1976.

• S. Mayor, Ventagli - guida per il collezionista, Londra-Milano 1980.

• A. Milano, Prints for Fans, in "Print Quarterly", vol. IV, n. 1, marzo 1987.

•M. Volet - A. Beentjes, Eventails - collection du Musée d'Art et d'Histoire de Genève, Genève 1987.

Referenze fotografiche

Le fotografie sono state effettuate presso la Raccolta Stampe A. Bertarelli del Castello Sforzesco di Milano.

Collana a cura di / *Series entrusted by*
Franco Bassi
Grafica / *Graphic*
Luca Pratella / Fiorella Baserga
Foto / *Illustrations*
Cesare Gualdoni
Traduzione / *Translation*
Johannes Henry Neuteboom

INDICE

SUMMARY

Finito di stampare
nel mese di giugno 1988